LE
MORNE AU DIABLE,

DRAME EN CINQ ACTES ET SEPT TABLEAUX,

PAR M. EUGÈNE SUE,

MUSIQUE DE M. AMÉDÉE ARTUS,

Mise en scène de M. Saint-Ernest,

REPRÉSENTÉ POUR LA PREMIÈRE FOIS, A PARIS, SUR LE THÉATRE
DE L'AMBIGU-COMIQUE, LE 5 AOUT 1848.

DISTRIBUTION DE LA PIÈCE.

LE DUC DE MONMOUTH....................	MM. ARNAULT.
LE CHEVALIER DE CROUSTILLAC........	MONTDIDIER.
LE PÈRE GRIFFON......................	LYONET.
LE GOUVERNEUR DE SAINT-PIERRE	COQUET.
RUTLER	ED. GALAND.
DANIEL	STAINVILLE.
PATRICE.............................	MACHANETTE.
MET-A-MORT..........................	BOUSQUET.
LE COMTE DE CHEMERAULT	FLEURY.
MORTIMER............................	FRUMENS.
PAULY	LEMADRE.
JULIEN	THIERRY.
DUPONT	MARTIN.
MONSIEUR............................	RICHARD.
ANGÈLE.............................	Mmes LOBRY.
BETTY..............................	CAROLINE.

OFFICIERS, SOLDATS, MATELOTS, NÈGRES, COLONS, PASSAGERS, HABITANTS.

La scène se passe à Saint-Pierre de la Martinique.

S'adresser, pour la mise en scène, à M. MONNET, régisseur au théâtre.

ACTE I.

PREMIER TABLEAU.

*Saint Pierre de la Martinique. Vue d'une baie près de Saint-Pierre,
à la Martinique.*

Le théâtre représente, à droite, un café-hôtel; sur le mur, on lit : *Au
grand saint Pierre, Julien tient café-hôtel.* A gauche, sont des tables
abritées par une tente. Vers le fond, en amphithéâtre, on aperçoit les
rues et les édifices de Saint-Pierre. Au fond, des roches qui se perdent
dans le lointain. — Au lever du rideau, sur un banc recouvert d'une
natte, Julien est endormi.

SCÈNE I.

JULIEN, *endormi*, MONMOUTH, *en costume de matelot. Il entre
avec quelques précautions, regarde autour de lui, et quand il
s'est assuré qu'il n'y a personne, il laisse tomber les plis de son
manteau et découvre son front, qu'il essuie.*

MONMOUTH.

Par cette chaleur tropicale j'étais certain de ne rencontrer
personne à cette heure sur le port saint-Pierre. Julien le mulâtre,
maître de cet hôtel, doit être par ici. En me servant un peu de ses
dispositions superstitieuses et sous ce costume de matelot, je ne
cours aucun danger. D'ailleurs depuis que j'ai rencontré ce nègre
fugitif, depuis que j'ai pensé qu'il nourrit peut-être contre nous des
ressentiments, qu'à cause de nous plane sur lui un péril de mort,
une sorte d'amertume s'est mêlée à mon bonheur; l'idée d'une
souffrance dont nous étions les auteurs involontaires, la crainte
que le nom adoré d'Angèle ne fût joint à une imprécation od
même à une plainte, sont venues troubler les délices de notre
retraite... ah! ce n'est qu'en ouvrant largement la main au bien
qu'on peut faire qu'il faut remercier dignement le ciel de tant
d'amour et de félicité... Julien se prêtera sans peine au service
intéressé que je viens lui demander. (*Mouvement de Julien.*)
Mais je ne me trompe pas, c'est lui que j'aperçois là (*Il s'approche de lui.*) Il dort, comment l'éveiller sans trop attirer son
attention sur moi? (*Coup de canon.*) Voilà un coup de canon en
en mer qui vient à propos à mon aide. (*second coup.*)

JULIEN, *encore endormi.*

Entrez.

MONMOUTH, *à part.*

Il paraît qu'on frappe quelquefois rudement à sa porte.
(*Troisième coup de canon.*)

JULIEN, *à demi éveillé.*

Entrez donc.

MONMOUTH, *à part.*

Évitons ses regards. (*Il va se cacher derrière la tente.*)

JULIEN, *se levant.*

Tiens, que je suis bête! c'est le canon.. quelque bâtiment qui arrive. (*Regardant du côté de la mer.*) Je ne me trompe pas c'est le trois-mâts *la Licorne.*

MONMOUTH, *à part.*

La Licorne?

JULIEN, *regardant toujours.*

Oui. *la Licorne* de Dunkerque qui nous ramène le brave capitaine Daniel.

MONMOUTH, *à part et avec joie.*

Et sans doute aussi le père Griffon, notre vénérable ami, notre unique confident. Il nous apporte des nouvelles de lord Sidney, du père d'Angèle, du seul être qui manque à notre bonheur!... Ah merci, mon Dieu! la bonne action n'est encore que dans ma pensée, et déjà vous m'envoyez la récompense.

JULIEN, *revenant vers le banc et bâillant.*

Allons, secouons-nous; il va nous arriver des passagers... des curieux de la ville.

MONMOUTH, *à part.*

Je n'ai pas un moment à perdre. (*Il s'approche de Julien, qui est assis, et appuie par derrière ses deux mains sur ses épaules, de manière à le tenir en respect. Haut et d'une voix forte.*) Julien!...

JULIEN, *terrifié.*

Hein!...

MONMOUTH.

Si tu regardes, tu tombes mort de terreur; si tu es docile, un louis pour toi.

JULIEN, *toujours effrayé.*

Je serai docile... je ne bouge pas.

MONMOUTH.

Tu iras, dès aujourd'hui, au gouvernement de la Martinique.

JULIEN.

Oui, monseigneur.

MONMOUTH.

Tu paieras la liberté d'un nègre marron, nommé Pauly. (*Il jette une bourse qui tombe devant Julien.*)

JULIEN, *combattu entre la peur et la curiosité.*

Je puis ramasser?

MONMOUTH.

Sans tourner la tête. (*Julien ramasse la bourse.*)

JULIEN, *comptant, à part.*

Mon louis y est... je commence à avoir moins peur. (*Haut.*)
A quelle habitation appartenait ce marron Pauly ?

MONMOUTH.

Au Morne au Diable.

JULIEN, *effrayé.*

Ah! mon Dieu !

MONMOUTH, *riant, sans être vu de lui.*

Qu'as-tu ?

JULIEN.

J'ai peur.

MONMOUTH.

Peur de quoi ?

JULIEN.

Peur que vous ne soyez le quatrième mari de la Barbe-Bleue.

MONMOUTH, *enflant sa voix.*

La Barbe-Bleue ne rend compte de ses maris qu'à Dieu !

JULIEN, *à mi-voix.*

Il n'ose pas en plein jour dire le nom de Satan, son maître.

MONMOUTH.

Feras-tu ce que je t'ai dit ?

JULIEN.

Oui... mais...

MONMOUTH.

Quoi encore ?

JULIEN, *hésitant.*

Les esclaves rachetés ont l'habitude d'aller...

MONMOUTH.

Où ?

JULIEN.

Monseigneur, ne vous fâchez pas... ils ont l'habitude d'aller...
à l'église... (*A part.*) Ce mot l'effraye... (*Haut.*) Faire dire une
messe pour qui les délivre.

MONMOUTH.

Que Pauly aille prier.

JULIEN, *à part.*

Comme il s'est radouci, rien qu'à la pensée de l'eau bénite !
(*Haut.*) Quel nom Pauly devra-t-il faire dire dans ses prières ?

MONMOUTH.

Le nom d'Angèle.

JULIEN, *à part.*

Est-il permis qu'une pareille femme s'appelle Angèle ?

MONMOUTH, *grossissant sa voix.*

Si tu dis un mot de moi à qui que ce soit...

JULIEN, *avec peur.*

Je me tairai... je me tairai...

MONMOUTH.

Va voir qui descend cette rue... sans te retourner.

JULIEN.

J'y vais... (*Il va vers la droite du théâtre.*)

MONMOUTH.

En venant ici, j'ai commis une imprudence, peut-être ; mais Angèle sera contente, et le ciel, qui nous ramène le père Griffon, le digne curé du Macouba, protégera encore nos amours et notre heureuse solitude. (*Il disparaît derrière la tente.*)

JULIEN, *revenant à reculons.*

Ce sont des habitants qui se rendent ici pour voir débarquer les passagers de *la Licorne*... (*Silence.*) Je vous promets d'aller au gouvernement aussitôt qu'ils vont me laisser libre... (*Silence.*) Il ne répond pas... Monseigneur, je vous assure... (*Il se risque à tourner la tête.*) Il n'y est plus !... Est-ce que j'ai rêvé ?... Non, voilà bien la bourse... (*Comptant l'or.*) Le prix du rachat et la pièce d'or pour moi... ceci est délicat... Mais cinquante pour le noir... c'est tout naturel, Satan aime sa couleur... Un instant ! n'oublions pas nos affaires... (*Il regarde du côté de la mer.*) Un canot s'est détaché du bâtiment ; dans cinq minutes, les passagers seront ici. Vite, vite ! qu'on apprête tout ! Domingue, range les tables ; Blanchet, Pierrot, alerte, mes enfants !... (*Tous les nègres appelés se mettent à exécuter les ordres de Julien. Pendant ce temps, des habitants entrent en scène ; quelques-uns s'asseyent aux tables du café ; d'autres regardent la mer avec des longues vues.*)

SCÈNE II.

Habitants de Saint-Pierre, MET-A-MORT, JULIEN, Nègres.

MET-A-MORT.

Vous attendez les passagers de *la Licorne*, maître Julien ?

JULIEN.

C'est heureux, au moins, que le capitaine Daniel n'ait pas fait de mauvaise rencontre sur mer, aux attérages de la Martinique !

MET-A-MORT.

Je crois bien... les Anglais, avec qui nous sommes en guerre...

JULIEN.

Et ces maudits flibustiers...

MET-A-MORT.

Les flibustiers ont du bon.

JULIEN.

Vous, Met-à-mort, parbleu ! vous devez parler ainsi... vous êtes boucanier, et du temps que la Martinique était affranchie, de boucanier à flibustier il n'y avait que....

1.

MET-À-MORT.

La longueur du fusil de différence. Quand la flibusterie n'allait pas, les flibustiers chassaient les taureaux sauvages, comme nous, pour vendre leurs peaux; et quand la morte saison de notre chasse venait, nous autres boucaniers nous faisions la course en mer, comme les flibustiers, et, par la peau du diable! une fois à portée d'un galion espagnol, nos longs fusils de boucan (*il montre le sien*) crachaient aussi dur que leurs carabines de corsaires.

JULIEN, *au fond.*

Ah! voilà le capitaine Daniel qui aborde avec le père Griffon.

SCÈNE III.

LES MÊMES, LE PÈRE GRIFFON, DANIEL.

JULIEN.

Bonjour, capitaine Daniel, bonjour.

DANIEL.

Bonjour, Julien; bonjour, messieurs. (*Il échange des poignées de main avec les habitants.*)

JULIEN.

Bonjour, père Griffon.... Ah! mais, dites donc, vous êtes bien changé depuis cinq mois que vous nous avez quittés.

LE PÈRE GRIFFON.

En effet, mon ami; j'ai été malade.

DANIEL.

En partant d'ici, il y a cinq mois pour Dunkerque.... ça allait encore; mais au retour, ce pauvre monsieur Griffon était si triste, si triste, qu'il a manqué en mourir; et sans cet aventurier gascon qui se fait appeler le chevalier de Croustillac, ce drôle de corps si gai, si bizarre...

LE PÈRE GRIFFON.

Ajoutez si complaisant et si bon pour moi !

DANIEL.

Ma foi, il n'y avait que lui dont la joyeuse humeur pût vous dérider; mais maintenant, vous voilà de retour; vous allez revoir votre jolie petite habitation de Macouba. Là, tout le monde vous aime; on va vous accueillir avec bonheur, vous bien choyer, et tout ira pour le mieux...

LE PÈRE GRIFFON.

Le ciel vous entende !

JULIEN.

Et vos passagers, capitaine Daniel ?

DANIEL.

Ils sont en ce moment avec les gens de la douane. (*Montrant la mer.*) Tenez, regardez, voilà le canot d'un de leurs chefs qui aborde la *Licorne.* (*Daniel et les habitants remontent vers le jond; pendant ce temps, Met-à-mort s'approche de Griffon, qui s'est assis sur un banc.*)

MET-A-MORT, *à mi-voix.*

Monsieur Griffon !

LE PÈRE GRIFFON, *à mi-voix.*

C'est toi, Met-à-mort ?... Et ton maître ?...

MET-A-MORT.

Mon maître Arrache-l'âme ira vous voir au Macouba.

LE PÈRE GRIFFON.

C'est bien... je le verrai... éloigne-toi. (*Met-à-mort remonte la scène et se mêle à la foule. Griffon seul un moment à l'avant-scène continue.*) Je lui dirai que plus que jamais il a besoin d'être prudent, de multiplier les déguisements sous lesquels il se cache... Ces bruits vagues que j'ai surpris à Londres et à Versailles... est-ce que je ne suis de retour que pour troubler leur sécurité, et détruire l'espoir dont ils se bercent ?... oh ! non, qu'il ignore encore, longtemps si je puis, la mort de son père adoptif, du père d'Angèle, qu'il ignore son sublime et cruel dévouement. (*On bat aux champs.*)

LES HABITANTS, *redescendant la scène avec Daniel.*

Voici monsieur le gouverneur.

SCÈNE IV.

LES MÊMES, LE GOUVERNEUR. (*Un nègre porte son parasol, un autre l'évente, un troisième porte une corbeille.*)

LE GOUVERNEUR.

Ouf ! quelle chaleur... quelle horrible fournaise ! (*Tirant un petit thermomètre de sa poche.*) Quarante degrés... à l'ombre de ma poche ! de quoi incommoder les vers à soie... et nous sommes au dix janvier. (*Aux habitants.*) Mais vous m'étouffez ; circulez; allez voir le navire, laissez-moi respirer.

DANIEL, *lui présentant des papiers.*

Monsieur le gouverneur, voici mes papiers de bord en règle, veuillez jeter les yeux sur...

LE GOUVERNEUR.

Mais, mon cher ami, un moment donc ! j'ai une goutte de sueur à chaque cil... j'inonderais votre pancarte. (*Il essuie ses yeux, puis il donne son mouchoir à un nègre.*) Tords-moi ça. (*Le nègre tord, l'eau ruisselle sur le théâtre.*) Donne-m'en un autre, drôle ! (*Il lui prend les papiers, les regarde à peine, et les lui rendant.*) Tout est régulier, reprenez vos papiers

DANIEL.

Je vais les faire remettre à la douane. (*Il s'éloigne par le bord de la mer.*)

LE GOUVERNEUR.

Mais je ne me trompe pas! c'est monsieur Griffon que vous nous ramenez là... C'est ce brave père des frères prêcheurs, établi depuis quelque temps parmi nous, le digne pasteur du Macouba, qui n'a pas craint, lui, de rester dans les environs du Morne au Diable.

GRIFFON, *venant à lui.*

C'est lui-même, monsieur le gouverneur.

· LE GOUVERNEUR.

Donnez-moi donc, père Griffon, des nouvelles de France.

GRIFFON.

J'y suis resté bien peu de temps, monsieur le gouverneur, mes affaires m'appelaient en Angleterre.

LE GOUVERNEUR.

Un beau pays... si on ne l'a pas flatté à l'endroit des brouillards... Enfin, qu'est-il arrivé par là ?

LE PÈRE GRIFFON.

Le plus grand événement qui se soit accompli par là est le renversement et l'exil de Jacques II.

LE GOUVERNEUR.

Comment! Jacques II! le roi d'Angleterre! il a été renversé du trône ?

LE PÈRE GRIFFON.

Par son gendre, Guillaume prince d'Orange, qui a été proclamé roi à sa place.

LE GOUVERNEUR.

Voilà qui est étonnant! et Jacques II?

LE PÈRE GRIFFON.

A été obligé de se retirer en France, où sa majesté Louis XIV lui a offert un asile à Saint-Germain.

LE GOUVERNEUR.

Ce Jacques II, j'oserai le dire, n'était pas grand' chose. Il y a dix-huit mois, au moment où j'allais quitter la France, il venait, sous prétexte de révolte armée, de faire trancher la tête au fils de son frère, le feu roi Charles II, à mylord duc de Monmouth, son neveu. (*Griffon ne peut cacher son émotion.*) Tenez, le père Griffon en est ému rien qu'à l'entendre dire... Je suis plus hardi, moi : je déclare hautement qu'en politique, j'irai même plus loin, je dirai en morale, je blâme hautement les oncles qui font couper la tête de leurs neveux. (*Le père Griffon reste rêveur, Daniel rentre et va au gouverneur.*)

DANIEL.

Monsieur le gouverneur, au moment où j'allais mettre à la voile, le capitaine du port de Dunkerque m'a remis cette dépêche pour vous, en me la recommandant comme une chose du plus grand secret et de la plus haute importance.

LE GOUVERNEUR, *prenant la dépêche*.

Ça ne m'étonne pas, on me charge toujours des missions les plus délicates ! Voyons ce que c'est. (*Il lit à mi-voix, Griffon prête l'oreille.*) « Monsieur le gouverneur, la frégate de sa ma-« jesté, *la Fulminante*, part demain de la rade de Brest. Grâce « à sa marche supérieure, *la Licorne*, qui vous porte cette « dépêche, la devancera sans doute à la Martinique. » (*S'inter-rompant.*) Que vient faire ici cette frégate de Sa Majesté? (*Il réfléchit.*)

GRIFFON, *à part*.

Une frégate partie de Brest pour la Martinique !... Oh ! ces bruits de Londres et de Versailles... Tout redouble mon inquié-tude.

LE GOUVERNEUR.

Je n'ai rien deviné, continuons. (*Il lit.*) « Pour aucun motif, « monsieur le gouverneur, vous ne vous absenterez un seul « instant du chef-lieu de votre gouvernement. » (*S'interrom-pant.*) Est-ce que Sa Majesté se figure que, d'un temps pareil, je cours les champs?.. (*Continuant.*) « Vous vous tiendrez prêt « à exécuter sans retard toutes les instructions... » (*Il s'inter-rompt.*) Ah ! ah !... voilà le point délicat... voyons un peu ces instructions. (*Il relit.*) « Toutes les instructions qui vous seront « données par monsieur le comte de Chemerault, envoyé de Sa « Majesté... » (*S'interrompant.*) Un envoyé du roi... ah ! j'aurai un second !... « Vous obéirez à tous les ordres qu'il vous don-« nera... » Hum ! hum !... ma position se réduit singulière-ment !... (*Regardant la dépêche.*) C'est tout... « Signé, Colbert.» (*Il s'essuie le front et s'adresse au négrillon.*) Un mouchoir sec, drôlo... (*Il s'essuie de nouveau le front.*) Il ne faut rien laisser transpirer de cette affaire.

LE PÈRE GRIFFON, *à part*.

Ce mystère est un tourment de plus... Hâtons mon retour au Macouba. (*Haut.*) Julien !

JULIEN.

Mon père...

LE PÈRE GRIFFON.

Vous m'apprêterez un cheval dans une heure... Monsieur le gouverneur...

LE GOUVERNEUR.

Sans adieu, père Griffon... J'irai vous voir au Macouba... un de ces jours... un jour de pluie.

DANIEL, *à mi-voix*.

Vous partez dès ce soir pour le Macouba?

LE PÈRE GRIFFON, *lui pressant la main*.

Oui, capitaine. (*A part.*) Et dès cette nuit, au Morne au Diable. (*Il sort.*)

SCENE V.

LES MÊMES, *excepté* GRIFFON.

LE GOUVERNEUR, *sortant de ses réflexions et marchant rapidement.*

Il faut se sacrifier... Fleur-de-Lis, laisse là mon parasol...
Pas tout de suite, brute... Va au commandant du fort, qu'on
soit bien sur ses gardes, qu'on signale tous les bâtiments, qu'on
fasse le salut royal... si c'est nécessaire... (*A part.*) J'ai manqué
me trahir. (*Haut.*) Pichenette, laisse là ta corbeille; va aux
casernes, qu'on soit prêt à prendre les armes, la nuit comme le
jour... Cuculli, va aux arsenaux, qu'on prépare des grenades,
des fusées et des bombardes... Partez! (*Les trois nègres laissent
tout tomber et sortent en courant.*)

LE GOUVERNEUR, *privé de son parasol.*

Bon! un coup de soleil!... Julien...

JULIEN.

Voilà, monsieur le gouverneur!

LE GOUVERNEUR.

Une chambre... au nord... j'attendrai le retour de mes esclaves.
(*Bruit de voix au fond à droite; ôtant sa perruque.*) Commençons
toujours par nous mettre à notre aise. (*Bruit.*) Qu'est-ce qu'il y
a par là.

DANIEL.

Ce sont mes passagers qui abordent.

LE GOUVERNEUR.

Bien, de la foule maintenant! on ne va plus pouvoir respirer.
(*Il entre dans l'auberge en ôtant sa cravate et son habit.*)

SCÈNE VI.

LES MÊMES, *excepté* LE GOUVEREUR, HABITANTS ET PASSAGERS;
puis PATRICE, *qui quelques moments avant la sortie du Gouverneur s'est mêlé à la foule. Il examine les passagers qui
entrent; pendant ce mouvement, Daniel dit:*

DANIEL.

Il n'est pas fait encore au climat, le gouverneur. C'est un
brave homme, il n'est sévère que pour ceux qui n'arrosent pas
devant leur porte. (*Entrée des passagers.*)

PATRICE, *après avoir examiné les passagers.*

Le colonel n'est pas parmi eux... en effet il a dû craindre de
prendre passage sur un bâtiment français.

UN PASSAGER, *à Daniel.*

Capitaine, avant de nous séparer, je vous demande suivant la
coutume, au nom des passagers de boire un verre de vin de
France en l'honneur de notre agréable traversée.

DANIEL.

Accepté, messieurs, accepté! Julien, du vin! du vin!

UN PASSAGER, *aux Habitants.*

Et ces messieurs voudront bien être des nôtres.

HABITANTS.

Bien volontiers, messieurs! (*Julien apporte du vin et le met sur les tables.*)

JULIEN.

Voilà, messieurs; du vrai vin de France, du vin de Champagne.

PATRICE, *à Julien, à mi-voix.*

Julien, vous demanderez au vaguemestre de *la Licorne* s'il a une lettre pour moi... Patrice.

JULIEN.

Depuis trois mois que vous êtes à la Martinique et mon locataire, vous savez, monsieur Patrice, que j'ai toujours été à votre service... votre commission sera faite.

PATRICE.

Je prendrai cette lettre tantôt, (*à part en sortant.*) oh! quand viendra donc le jour de la vengeance!

SCÈNE VII.

LES MÊMES *sauf* PATRICE, MATELOTS, HABITANTS *au fond, par le quatrième plan à gauche arrivent des colis et tonneaux roulés par des matelots.*

UN PASSAGER.

Mais dites donc, capitaine, où est donc ce chevalier, ce joyeux gascon?

DANIEL, *regardant autour de lui*

Tiens, c'est vrai! il n'est pas parmi vous?

TOUS.

Non, non.

DANIEL.

Eh bien! me voilà tout triste... oh! ce démon là nous aura quittés comme il est venu.

JULIEN.

Et comment donc vous est-il venu?

DANIEL.

Ma foi, ce serait difficile de le dire; le fait, le voici. Nous étions en mer, à trente lieues de Dunkerque, et nous allions faire notre premier dîner à bord, quand tout-à-coup, de la soute aux vivres s'élance un individu, un peu maigre, un peu sec, un peu râpé, il prend à l'un sa place, à l'autre sa fourchette, à l'autre son verre... et il s'installe, d'abord je ris... tout juste et nous lui demandons qui il est; il nous répond par un tas de gasconnades, et nous fait une histoire où le diable n'aurait vu goutte : pas moyen de le renvoyer... à trente lieues en mer? et puis personne n'était de cet avis, il avait l'air si bon diable... il se montra si bien disposé à payer sa traversée en gaieté... Il faisait si bien sortir du feu de sa bouche pleine d'étoupe... Il tenait si bien des fourchettes en équilibre sur son nez... Ma fois, il resta et nous fûmes tous enchantés de lui, n'est-ce pas messieurs?

TOUS.

Oui, oui, c'est vrai!

DANIEL.

Cependant durant le voyage, je lui avais plusieurs fois laissé voir mon inquiétude... au moment du débarquement, quand, dans ces temps de troubles et de guerres, on trouverait sur *la Licorne* un passager de plus que mon compte; et toujours il m'avait répondu : Soyez tranquille mon brave capitaine, j'aviserai à tout... (*En ce moment on voit des Matelots arriver en roulant devant eux un tonneau a eau.*) Pauvre diable!.. Il avait de l'honneur au cœur, j'en suis sur et il n'aura peut-être que trop bien avisé... Il est capable, voyez-vous, de s'être noyé en voulant gagner la côte à la nage.

UN PASSAGER.

Oh! ce serait dommage!..

DANIEL.

En attendant comme il est probable que nous ne le reverrons plus, je propose de vider ce premier verre à la santé... ou à la mémoire du chevalier de Croustillac.

SCÈNE VIII.

LES MÊMES CROUSTILLAC. (*Il lève le couvercle de la tonne d'eau qu'on a roulée sur le théâtre et montre sa tête.*)

CROUSTILLAC.

Qué donc? Attendez, mordious, que je vous fasse raison... (*Il s'élance sur la scène.*)

TOUS.

Le chevalier ! notre joyeux compagnon!

DANIEL.

Comment diable êtes-vous là ?

CROUSTILLAC, *prenant le verre d'un passager.*

Est-ce que j'aurais souffert que pour moi on vous fît de la peine? hé donc! j'ai mis dans cette barique, en place de l'eau qui lui manquait, quelques esprits généreux..(*Montrand les matelots.*) Ces braves gens, me prenant sans doute pour une tonne do pur cogniac, m'ont transbordé jusqu'ici, et me voilà, vous remerciant des regrets donnés au mort, et vous demandant un peu d'amitié pour le vivant !...

DANIEL ET LE PASSAGERS.

Bravo! chevalier, bravo!..

CROUSTILLAC.

Messieurs, pendant la traversée, nous avons mis en commun votre dîner, mes joyeusetés et mon esprit; nous sommes contents les uns des autres, n'est-ce pas?

DANIEL, *riant.*

Très-contents, chevalier.

CROUSTILLAC, *buvant.*

Eh donc! à votre santé... à la mienne... (*se tournant vers les habitants,*)et à celle des braves habitants de la Martinique.(*A tous.*) Hé bien! mes braves amis, que fait-on, que dit-on dans ce charmant pays? y boit-on, comme en France, à nos victoires, aux amours et aux triomphes de notre grand roi? Y parle-t-on toujours de ce séjour fabuleux, le Morne au Diable, et de cette fantasque plaisanterie dont j'ai tant ri à bord, madame la Barbe-Bleu. (*Murmures des habitants.*)

JULIEN.

Une plaisanterie!

DANIEL.

Mais faut-il vous répéter cent fois...

CROUSTILLAC.

Eh bien! ne nous fâchons pas.

DANIEL.

Si le digne père Griffon était là, il pourrait vous en dire long, car son habitation du Macouba est sur la route du Morne au Diable.

CROUSTILLAC.

Ah! le Macouba est sur la route du Morne au Diable (*A part.*) C'est bon à savoir. (*Haut.*) Eh bien donc, puisque nous revenons à ces facéties...(*Murmures.*) Je veux dire à cette histoire véritable, instruisez-moi tout à fait, et dites moi d'abord qu'est-ce qu'il y a sur ce Morne.

DANIEL.

C'est là que demeure la Barbe-Bleue, mon digne chevalier...

CROUSTILLAC, *riant.*

Là Barbe-Bleue!.. Et au fait quest-ce donc que cette Barbe-Bleue?..

JULIEN.

C'est une femme!.. et une maîtresse femme, à ce qu'on dit.

CROUSTILLAC.

Mais pourquoi l'a-t-on nommée la Barbe-Bleue?

JULIEN.

Parcequ'on dit qu'elle se débarrasse de ses amis; comme l'homme

2

à la Barbe-Bleue du nouveau conte se débarrasse de ses femmes, et qu'elle possède autant de millions qu'elle a eu de maris.

CROUSTILLAC, *bondissant.*

Capedebious, vous dites?...

DANIEL.

Sans compter que le Morne au Diable est un palais enchanté.

JULIEN.

Et dans ce palais, perles fines, diamants et rubis se mesurent, dit-on, au boisseau.

DANIEL, *à Croustillac.*

Eh bien, que diable avez-vous donc, chevalier?

CROUSTILLAC.

Tais!... ce sont ces millions, ces boisseaux de diamants et de rubis qui me fourmillent devant les yeux... et cette charmante, cette adorable veuve, est-elle jeune ou vieille?

JULIEN.

Personne de la colonie n'a jamais pu pénétrer au Morne au Diable.

DANIEL, *à mi-voix.*

Et n'a même jamais osé le tenter, sauf trois créatures... qu'il vaut mieux voir de loin que de près... d'abord l'Ouragan.

CROUSTILLAC.

Qué? l'ouragan?

DANIEL.

C'est un capitaine flibustier...

JULIEN.

Ce qui n'empêche pas la Barbe-Bleue de connaître non moins particulièrement Arrache-l'âme, le boucanier.

CROUSTILLAC.

Et de deux.

DANIEL.

Mais il est vrai de dire que la Barbe-Bleue est aussi liée d'é-troite amitié avec Youmalé, le Caraïbe antropophage de l'Anse aux caïmans.

CROUSTILLAC.

Et de trois!... mordious! quelle matrone! ainsi vous dites, (*comptant sur ses doigts*,) l'Ouragan, flibustier de son état.

DANIEL.

Courant sur les galions d'Espagne, et les abordant d'une fa-çon originale.

CROUSTILLAC.

Voyons!...

DANIEL.

Il avait une grande pirogue noire, montée de vingt-cinq

hommes résolus... au fond de la pirogue il y avait une soupape... Cette soupape s'ouvrait à volonté... quand l'Ouragan abordait un navire, il ouvrait la soupape, la pirogue coulait à fond, ce qui obligeait les plus engourdis de ses flibustiers de s'élancer à l'abordage du bâtiment ennemi pour échapper à la noyade.

CROUSTILLAC.

Très-bien ! (*Levant un autre doigt.*) Un boucanier ?

DANIEL.

Arrache-l'âme, aussi féroce que les taureaux qu'il chasse... Un jour un taureau blessé se jette sur lui... Arrache-l'âme le mord au nez aussi fort et aussi ferme qu'un dogue anglais, et l'achève à coups de couteau.

CROUSTILLAC.

Quelle mâchoire ! (*Levant un troisième doigt.*) De plus un Caraïbe.

JULIEN.

Youmalé... Il y a deux mois il était a pêcher dans l'Anse aux Caïmans... là, s'était perdu trois jours auparavant, corps et biens, un bâtiment espagnol où se trouvait le révérend père Simon, d'une réputation de sainteté connue même des Caraïbes... Je dis à Youmalé ! C'est donc ici qu'a fait naufrage le bâtiment où se trouvait le père Simon... c'était, dit-on, un bien excellent homme. Savez-vous ce que me répondit d'un air friand cet horrible cannibal : Le père Simon ! oh ! oui, bien excellent ! j'en ai mangé.

CROUSTILLAC.

C'est une manière de goûter les gens... Ainsi ce sont les trois monstres chargés de remplacer les géants, gardiens obligés de tout palais enchanté ; eh bien ! mordious, j'irai leur dire deux mots..

TOUS.

Vous !

CROUSTILLAC.

Moi !

DANIEL.

Vous, vous, chevalier !

CROUSTILLAC.

Moi, moi, chevalier !..... Moi, Polyphême-Hercule-Narcisse de Croustillac !...

JULIEN.

Mais, enfin...

CROUSTILLAC.

Messieurs, nous sommes aujourd'hui le...

JULIEN.

10 janvier.

CROUSTILLAC.

Eh bien! messieurs, que je perde mon nom de Croustillac, que mon blason soit à jamais entaché de félonie, si dans un mois d'ici, jour pour jour, malgré tous les flibustiers, les boucaniers et les cannibales de la Martinique et de l'univers, je... (*Coup de canon. Tous les convives se lèvent et vont voir au loin.*)

JULIEN.

Un nouveau bâtiment, sans doute!

DANIEL.

Les roches empêchent de rien voir encore..... Oh! oh! messieurs, le temps va se gâter.

JULIEN, *qui depuis quelque temps a fait la collecte, afin de recevoir l'écot de chacun, présente la bourse à Croustillac.*

Mon maître, c'est trois livres...

CROUSTILLAC.

Qué?... trois livres!...

JULIEN.

Ce que chacun doit pour son écot.

CROUSTILLAC, *à part.*

Ah! pécaire!... (*Haut. Fouillant dans sa poche.*) En voici six, le reste sera pour la fille.

JULIEN, *tendant la main.*

Merci, mon généreux maître.

CROUSTILLAC, *ne donnant rien.*

Mais, au fait, cette auberge me paraît bonne... j'y resterai un jour ou deux... faites-moi préparer une chambre.

JULIEN.

Vous aurez la plus belle... Et vos bagages?

CROUSTILLAC.

Mes bagages?.... Capededious! tu m'y fais penser.... Où est la Jonquille, mon laquais?... Où est ce drôle?... il a tous mes bagages... et je cours après lui, merci! La Jonquille, la Jonquille! (*Il sort en courant. Deuxième coup de canon.*)

DANIEL.

Ohé! de *la Licorne!*

UNE VOIX, *au lointain.*

Ohé!

DANIEL.

Ferme aux amarres, et rentrez-moi tout. (*Le vaguemestre de la Licorne entre en scène par la gauche.*)

JULIEN, *à Daniel.*

Ah! voilà votre vaguemestre... (*Allant à lui.*) Avez-vous une lettre pour monsieur Patrice, à Saint-Pierre.

LE VAGUEMESTRE, *cherchant dans son sac.*

Oui, en voici une..

JULIEN *la prend.*

Donnez-la moi, il va venir me la demander. (*Troisième coup de canon.*)

DANIEL.

Voyez! voyez!... ce brigantin, au lieu d'entrer dans le port de Saint-Pierre, a viré de bord... oh! decidément, c'est suspect. Mais s'il va contre le vent qui menace. il est perdu sur les roches. (*Vent et tonnerre au loin.*) Juste, voici le vent et le tonnerre. (*A tous.*) Messieurs, si vous voulez m'en croire, rentrez, rentrez tous.

TOUS.

Oui, oui, rentrons.

JULIEN, *à ses nègres, qui ont déjà commencé à ranger les tables.*

Vite! vite! Blanchet, Pierrot, dépêchons. Ma foi, je n'irai au gouvernement pour le nègre Pauly qu'après que l'orage sera passé. (*Ils sortent tous d'un côté ou de l'autre. Daniel sort par la gauche, au fond, avec les passagers. Julien va entrer dans son auberge, Patrice entre vivement en scène.*)

SCENE IX.

PATRICE, JULIEN, puis UN OFFICIER DU GOUVERNEUR.

(*Patrice arrête Julien au moment où il court vers son auberge en criant :*)

JULIEN.

Sauvons-nous.

PATRICE.

Eh bien, la lettre?

JULIEN, *la donnant.*

Voici. (*Il rentre précipitamment dans son auberge. En ce moment, l'orage commence, on entend tomber la pluie. Patrice dit en se réfugiant sous la tente et en examinant la lettre.*)

PATRICE.

Elle est de lui! (*Il la parcourt.*) Il est donc bien vrai!... les informations du colonel Rutler s'accordent avec les miennes. Le duc dé Monmouth, qui a eu la lâcheté de substituer à sa place, pour le supplice, son père adoptif! miss Angèle, qui n'a pas craint de se faire parricide en suivant l'assassin de son père... ils sont ici... (*Il reprend la lettre.*) Le colonel s'embarque, me dit-il, sur un bâtiment qui va croiser dans ces parages... Mais comment pourra-t-il aborder, je connais son intrépidité et sa volonté de fer... Mais franchir tant d'obstacles? ces côtes hérissées de roches et de canons, cette surveillance... (*Tonnerre très-fort.*)

UN OFFICIER, *entrant précipitamment.*

Monsieur, monsieur le gouverneur n'est-il pas dans cette hôtellerie ?

PATRICE.

Je le crois; mais qu'y a-t-il ?

L'OFFICIER.

Un brigantin suspect vient, malgré l'orage, de mettre une barque à la mer, et cette barque a sombré. (*Il entre à l'hôtellerie.*)

PATRICE, *seul.*

Ce brigantin ! si c'était... oh ! non... (*Il va vers les roches à droite.*) Un homme à la mer !... la vague l'entraîne vers les roches !... ah !... il est perdu !... mais non... il lutte encore avec une énergie désespérée... il aborde... mais les forces lui manquent... les flots le resaisissent... il va périr... hâtons-nous ! (*Il disparaît derrière les rochers, au même instant, l'officier sort de l'hôtel de Julien en disant :*)

L'OFFICIER.

Vos ordres seront exécutés, monsieur le gouverneur. (*Il traverse la scène. Patrice paraît soutenant Rutler. A partir de ce moment, l'orage cesse et le ciel s'éclaircit.*)

SCÈNE X.

PATRICE, RUTLER.

PATRICE.

Vous ici, mon colonel, mourant !...

RUTLER.

Ah ! tu es arrivé à temps, mon ami, mes forces étaient épuisées.

PATRICE.

Attendez !... (*Il le conduit sous la tente, le fait asseoir et le fait boire à sa gourde.*)

RUTLER.

L'assaut à été rude, mais court heureusement.

PATRICE.

Une tentative si désespérée !...

RUTLER.

C'était le seul moyen d'aborder ici et d'assurer notre vengeance (*se retournant vivement vers Patrice*), car c'est bien dans cette île, n'est-ce pas, que s'est réfugié...

PATRICE.

Oui, c'est ici que nous punirons un lâche assassin, une fille indigne !

RUTLER, *d'une voix sourde.*

Un infâme ravisseur !... (*On entend battre le tambour dans le lointain.*)

PATRICE.

Écoutez, l'alarme a été donnée... Venez. (*Le jour reparaît.*)

RUTLER.

Chez toi.

PATRICE.

Non, écoutez-moi bien... Chez un nègre, naguère esclave au Morne, qui, à la suite d'un châtiment, s'est enfui et m'a livré plus d'un secret; nous pouvons compter sur lui. Je suis ici depuis quatre mois, et je puis aller partout sans qu'on y fasse attention; mais vous, colonel, votre arrivée subite, l'apparition suspecte de votre brigantin, tout vous trahirait sans doute, et tout serait perdu.

RUTLER.

Oui... je conçois... mais demain.

PATRICE.

Demain... ou plutôt cette nuit, cet esclave vous guidera sans que vous puissiez être aperçu, jusqu'au pied du Morne au Diable par des sentiers connus de lui seul; moi je vous rejoindrai par un autre chemin. (*On entend le tambour se rapprocher.*) Rester ici un moment de plus serait imprudent... Venez... venez...

RUTLER.

Hâtons-nous donc! à chaque pas que je ferai vers lui, je reprendrai des forces. (*Ils sortent derrière la tente. L'orage a complètement cessé, le jour reparaît.*)

SCENE XI.

CROUSTILLAC, JULIEN, *puis* GRIFFON.

JULIEN, *sur le seuil de l'auberge.*

Ah! le beau temps est tout à fait revenu.

CROUSTILLAC, *rentrant par le fond.*

Est-ce que le père Griffon serait déjà parti? je ne l'ai vu nulle part.

JULIEN, *allant à lui.*

Eh bien? mon généreux maître, et la Jonquille?

CROUSTILLAC.

Qué? la Jonquille? quelle Jonquille? (*Griffon rentre, reconnaît Croustillac, s'arrête et écoute.*)

JULIEN.

Votre laquais, qui devait apporter vos bagages?...

LE PÈRE GRIFFON, *à part.*

Quelque nouvelle gasconnade?

CROUSTILLAC.

Vous me voyez navré... Au moment où la Jonquille passait

sur la jetée avec mes malles, mes hardes, mes manteaux, ce malheureux coup de vent s'y est engouffré...

JULIEN.

Ah! mon Dieu!

CROUSTIALAC.

Et Jonquille... linge... habits... pierreries... tout a péri... tout!...

JULIEN.

Quel malheur!... mais vous avez...

CROUSTILLAC.

Rien, pas une obole; mais ne craignez rien pour cette dette... avant un mois je serai six fois millionaire, et alors...

GRIFFON, s'avançant.

Permettez-moi, mon cher chevalier, d'agir sans façon et d'acquitter votre écot, à charge de revanche... (Il paye Julien.)

CROUSTILLAC, avec noblesse.

Monsieur Griffon, vous n'avez pas obligé un ingrat.

GRIFFON.

J'en suis certain, chevalier. (A Julien.) Mon cheval est sellé.

JULIEN.

Il va l'être. (Il sort.)

CROUSTILLAC.

Vous partez? mon digne père.

GRIFFON.

Oui, je retourne au Macouba.

CROUSTILLAC, à part.

Le Macouba, le chemin du Morne au Diable! (Haut.) Monsieur Griffon, je regarde comme un devoir sacré de remercier les gens à qui je dois.

GRIFFON.

Permettez, chevalier, je voudrais arriver avant la nuit. (Il va vers l'auberge et dit.) Dépêchons... dépêchons...

CROUSTILLAC.

Soyez tranquille, mon digne monsieur Griffon, ma reconnaissance a les jambes longues et je trotte comme un cerf.

GRIFFON.

Hein?... plaît-il?... je ne comprends pas.

CROUSTILLAC.

Je vous accompagnerai, s'il vous plaît, chez vous...

GRIFFON.

Non pas!... D'ailleurs, chevalier, je demeure à trois lieues d'ici.

CROUSTILLAC.

Qué ? trois lieues ! Quand je servais en Hongrie dans les pétardiers nobles du roi de Bohême, j'avalais mes dix lieues par jour, et je dansais une courante en arrivant à l'étape.

GRIFFON.

Mais je n'ai pas de quoi vous recevoir.

CROUSTILLAC.

Mordioux ! je ne toise pas mes amis à la spendeur de leur hospitalité... Non... non... une botte de paille fraîche, un morceau de pain et un verre d'eau... mais que je puisse au moins vous remercier tout à mon aise !

GRIFFON, à part, vivement.

Après tout, c'est faire acte de pitié... Le pauvre diable ne sait où passer la nuit... demain, je m'en débarrasserai. (Haut.) Allons, soit, chevalier ; venez me remercier chez moi.

SCÈNE XII.

Les Mêmes, LE GOUVERNEUR, Habitants, Troupes. (On bat la générale, les troupes viennent se ranger au fond.)

LES HABITANTS.

La revue !... le gouverneur !

LE GOUVERNEUR.

Ah ! l'air est plus frais.

UN OFFICIER, s'avançant.

Vos ordres sont exécutés, monsieur le gouverneur.

LE GOUVERNEUR.

Très-bien ! je vais passer les troupes en revue avant que le soleil no reparaisse.

JULIEN.

Une revue ! Ma foi, je n'irai que demain racheter le nègre Pauly. (A monsieur Griffon.) Votre cheval est à la porte, père Griffon.

GRIFFON.

Allons, chevalier, venez-vous ? nous avons trois bonnes lieues de pays à faire pour arriver au Macouba.

CROUSTILLAC, sur le devant de la scène.

Le Macouba ! le Morne au Diable ! mon étoile se lève !... Barbe-Bleue, tu es à moi. (Mouvement général des troupes et des habitants, tandis qu'il sort avec Griffon.)

DEUXIÈME TABLEAU.

Le Macouba. — Petite salle occupant les deux tiers du théâtre ; à droite, la porte d'entrée, ouvrant sur un chemin pratiqué à travers les roches et

2.

les bois du quartier dit *le Macouba*. Au fond, une fenêtre ouvrant sur les bois ; à droite, porte conduisant à une autre pièce de l'habitation de Griffon ; au fond, à côté de la croisée, autre porte. Au milieu de la salle, est une table ; çà et là, instruments de pêche et de chasse. Au lointain, paysage borné par des bois et de grands mornes.

SCÈNE I.

DUPONT, MONSIEUR, *esclave noir, apportant successivement sur la table en courant tout ce qui est nécessaire pour la garnir. Ils mettent deux couverts.*

DUPONT, *entrant.*

Monsieur, tu es sûr d'avoir vu le père Griffon ?

MONSIEUR, *entrant en courant avec des assiettes, pendant que Dupont sort avec le même empressement.*

J'ai vu maître au bout du chemin... maître avec un autre.

DUPONT, *même jeu.*

Un autre qui ?.. tu le connais cet autre ?..

MONSIEUR, *même jeu.*

Moi pas connaître... habit jaune, bas roses...

DUPONT, *rentrant transporté de joie.*

Voici monsieur le curé !...

MONSIEUR, *gambadant.*

O maître à moi, maître à moi !

SCÈNE II.

Les Mêmes, LE PÈRE GRIFFON, CROUSTILLAC.

DUPONT.

Monsieur le curé ! (*Il baise la main de son maître.*) Voici un beau jour pour moi ! (*Monsieur baise la main de son maître.*)

LE PÈRE GRIFFON.

Mon bon Dupont. (*Au nègre.*) Bonjour mon enfant, bonjour. (*Dupont s'incline devant Croustillac auquel le nègre fait aussi fête.*)

CROUSTILLAC.

Très-bien ! très-bien ! bonjour, Dupont, bonjour, monsieur ?... monsieur qui ?

LE PÈRE GRIFFON.

Monsieur... simplement.

CROUSTILLAC.

Ah ! c'est un adverbe qui est son nom ! Enfin chaque pays a ses mœurs, bonjour, monsieur Simplement...

LE PÈRE GRIFFON, *qui a regardé autour de lui.*

Allons, tout me paraît bien dans l'habitation. (*Bas à Dupont.*) Et là-haut ?

DUPONT, *bas.*

Impatients de vous revoir et toujours heureux.

LE PÈRE GRIFFON, *haut, avec gaîté.*

Et Snog?

DUPONT.

Oh! bien portant... bien gras!...

CROUSTILLAC.

Votre frère, sans doute?

LE PÈRE GRIFFON.

Un beau dogue anglais. (*A Dupont.*) Et Grenadille?

MONSIEUR, *avec amour.*

Oh! belle! belle!

CROUSTILLAC.

Mademoiselle votre nièce?

LE PÈRE GRIFFON.

Non, une jument.

CROUSTILLAC.

Ah! je comprends... c'est comme Brigandine...

LE PÈRE GRIFFON.

Qui Brigandine?

CROUSTILLAC, *montrant sa rapière.*

Ma rapière.

LE PÈRE GRIFFON.

Ah! très-bien. (*Apercevant un fauteuil en tapisserie qu'on vient de placer près de la table.*) Qu'est-ce que je vois là? je ne connaissais pas.

CROUSTILLAC, *examinant le fauteuil.*

C'est un fauteuil bien commode, brodé au petit point par une main de fée.

DUPONT, *rentrant.*

Monsieur le curé!..

LE PÈRE GRIFFON, *à mi-voix.*

Ce fauteuil?

DUPONT, *à mi-voix.*

Elle l'a brodé elle-même, et l'a envoyé ici pour qu'à votre retour....

LE PÈRE GRIFFON.

Pauvre petite!

CROUSTILLAC, *qui s'est approché et a entendu les derniers mots.*

Pauvre petite! avez-vous dit en regardant cette broderie d'un œil attendri... C'est une pauvre petite qui vous fait des surprises comme cela!... Ah! père Griffon! père Griffon!

LE PÈRE GRIFFON.

Ne riez pas, chevalier, car vous l'avez dit, je suis ému...

CROUSTILLAC.

Je le crois bien, mordioux!

LE PÈRE GRIFFON.

Et d'une émotion plus douce que vous ne pouvez croire...

CROUSTILLAC, *s'asseyant.*

Mais c'est fort doux, ce que je crois!

LE PÈRE GRIFFON.

Allons, j'oublie que vous avez faim, sans doute?

CROUSTILLAC.

Je mangerais mon feutre !

LE PÈRE GRIFFON *fait un signe à Dupont et à Monsieur, qui sortent pour revenir faire le service pendant toute la scène.*

La soirée est superbe... Dupont, ouvrez les stores. (*Au moment où cet ordre est exécuté, le père Griffon, qui s'est approché de la fenêtre, se penche vivement. A part.*) J'ai cru voir dans ces touffes de tamarin... (*Haut.*) Allons, chevalier, à table! à table!

CROUSTILLAC.

Mordioux! qu'il doit faire bon vivre dans cette magnifique contrée!... Quelle riche nature! quel calme!

LE PÈRE GRIFFON.

A moins que ce calme ne soit troublé par une attaque de Caraïbes, ainsi que cela arrive parfois.

CROUSTILLAC.

Qué ? les Caraïbes! Ces bélitres de sauvages vous inquiéteraient?... Qu'ils viennent! mordioux ! et Brigandine...

LE PÈRE GRIFFON.

Votre épée, mon brave chevalier, serait aussi impuissante contre une de ces longues flèches que les Caraïbes lancent avec une adresse effrayante que contre une balle de mousquet.

CROUSTILLAC.

Capedebious, il est fâcheux que ce beau pays ait ses bêtes malfaisantes!

LE PÈRE GRIFFON.

Vous servirai-je une aile de perroquet ?

CROUSTILLAC.

Tais ! du perroquet? Vous mangez du perroquet ?

LE PÈRE GRIFFON.

Essayez... il est cuit à merveille.

CROUSTILLAC, *la bouche pleine.*

Mordious j'ai dîné avec des princes... avec des rois... et même avec des chanoines... Eh bien, mon brave ami, je l'avoue, je n'ai jamais rien mangé de plus délicat... de plus savoureux. (*A Monsieur, qui apporte des plats.*) Oh ! oh ! quel fumet! qu'est-ce encore que ces bonnes choses, monsieur Simplement ? (*Le nègre le regarde et rit.*)

DUPONT.

Un salmis d'écureuils.

CROUSTILLAC.

Des écureuils maintenant... et ça ?

LE PÈRE GRIFFON.

Des filets de singes accommodés aux vers palmistes.

CROUSTILLAC.

Capededious! des singes accommodés aux vers! mais mordious! quel festin! Balthasar en comparaison ne mangeait que des fèves.

LE PÈRE GRIFFON.

Il faut bien faire honneur à son hôte.

CROUSTILLAC.

Un hôte que vous ne connaissez guère; car vous ne me connaissez pas, mon brave père en Dieu.

LE PÈRE GRIFFON.

Très-peu, je l'avoue.

CROUSTILLAC.

Il faut que je me montre tel que le bon Dieu m'a fait : un portrait au vrai! au vrai? cela vous fait rire... et pourtant, foi de gentilhomme... cela vous fait rire encore... (*Sérieusement.*) Eh bien, mon père, il y a un serment que je n'ai pas fait dix fois en ma vie... mais voyez-vous... tout Gascon que je suis... l'on m'a cru (*avec émotion,*) quand j'ai juré par ma mère!...

LE PÈRE GRIFFON.

Je vous crois, chevalier; pour tous, ce serment est sacré!

CROUSTILLAC.

A la bonne heure!... donc mon père le chevalier de Croustillac avait un tout petit fief au fin fond des landes de Gascogne, et comme tant d'autres gentilhommes campagnards, il était son propre métayer, poussant les deux bœufs de la charrue, le feutre sur l'oreille et la rapière sur le côté... Bon an, mal an, le petit fief rapportait cent vingt écus... nous vivions là-dessus... mon père, ma digne mère, moi et ma sœur... qui est bossue, la pauvre fille... Mon père mort, je dis à ma mère et à ma sœur : J'ai droit au fief, gardez-le, j'y renonce; eh donc! vous aurez du moins du pain dans la huche.... moi, je vais me mettre aux trousses de dame fortune... et mordious! si elle a des ailes aux talons, j'ai des jambes de cerf. Là-dessus je partis du pays avec l'épée de mon père au côté et deux écus dans ma poche.

LE PÈRE GRIFFON, *lui pressant la main.*

Bien, bien! chevalier... cela était bon et généreux.

CROUSTILLAC.

Qué, généreux! à l'égard de ma digne mère? et de ma pauvre

petite fée Carabosse, qui ne pouvait trouver de mari? que serait-elle devenue? Capedebious... eh donc, je partis du pays et vins à Paris chercher fortune... soldat, prévôt d'académie, maquignon, colporteur de nouvelles satiriques et de livres défendus, j'ai vivoté comme les oiseaux du bon Dieu, couchant l'été sous la verdure, et l'hiver me chauffant les doigts au soupirail des rôtisseries... Un jour je suis coudoyé par un spadassin ; je rabroue solidement mon homme... prends garde! je suis Fontenay coup d'épée!... et moi Croustillac coup de canon!... sur ce flamberge au vent... Eh donc! Brigandine, cloue le Fontenay sur le mail... Il s'agissait pour moi de ceci. (*Il fait le signe de pendaison.*) Je parvins à gagner l'Angleterre... là, je donnai quelques leçons de français et de cuisine bordelaise... puis je passai en Hollande où je fis la guerre de Flandres, et j'y reçus la fameuse mousquetade que voici. (*Il entr'ouvre son justaucorps.*) Voulez-vous voir?

LE PÈRE GRIFFON.

Non... non... je vous crois, je crois à votre bravoure.

CROUSTILLAC.

Ensuite deux ans, en Hongrie, contre les Turcs, dans les pétardiers nobles de Sa Majesté le Roi de Bohême; le butin était bon. Quand je m'embarquai à Trieste pour Marseille, j'avais une ceinture de deux mille sequins d'or, capedebious!

LE PÈRE GRIFFON.

Eh bien ?

CROUSTILLAC.

Eh bien!... mon digne père... le lendemain un corsaire de Barbarie court sur nous !

LE PÈRE GRIFFON, *riant.*

En vérité, c'est jouer de malheur !

CROUSTILLAC.

Les forbans nous dépouillent, et je suis conduit en Alger et vendu à un renégat marchand de babouches, où j'ai taillé et piqué le maroquin pendant cinq mois d'esclavage.

LE PÈRE GRIFFON.

Ah! ça, chevalier, vous êtes donc universel? Comment, vous savez.... (*Il fait le signe de tirer la manique.*)

CROUSTILLAC.

Qué! universel? Qué? Je savais? Je ne savais pas du tout, mordioux! Mais le renégat me dit : Petit chien de chrétien, je te donne trois jours.... Si, à la fin du troisième jour, tu ne ne sais pas travailler proprement, tu recevras la bastonnade le matin, à midi et le soir.

LE PÈRE GRIFFON.

En guise de repas, apparemment ?

CROUSTILLAC.

Avec un encouragement pareil, le sixième jour, je faisais les babouches comme un petit ange.... Après cinq mois d'esclavage, racheté en Alger par les révérends pères de la Mercie, j'arrivai à La Rochelle avec un écu de moins qu'en partant du pays.... Il ne m'en restait donc....

LE PÈRE GRIFFON.

Plus qu'un.

CROUSTILLAC.

Juste le compte! Ma taverne était hantée par les matelots... Là, j'eus le bonheur d'intéresser le maître tonnelier de *la Licorne...* et vous savez comme j'y suis entré.

LE PÈRE GRIFFON, *se rasseyant et versant à boire.*

Je me rappelle très-bien! et vous êtes arrivé à la Martinique...

CROUSTILLAC.

Avec un écu de moins qu'en partant de Rochefort.

LE PÈRE GRIFFON.

Plus rien!

CROUSTILLAC.

Juste le compte... vous me connaissez maintenant depuis A jusqu'à Z... et vous?

LE PÈRE GRIFFON.

Moi?

CROUSTILLAC.

Oui.

LE PÈRE GRIFFON.

Mon histoire est bien plus simple.

CROUSTILLAC.

Voyons!

LE PÈRE GRIFFON.

Prêtre à vingt-cinq ans, Dieu me fit la grâce d'aimer mon état; j'eus cependant le malheur de déplaire à mon évêque, et il y a vingt ans, par son ordre, je fus envoyé à la cure du Macouba, pays alors presque inhabité, où j'ai subi avec résignation toutes les tristesses d'un cruel isolement.

CROUSTILLAC.

Jusqu'au jour où la pauvre petite....

LE PÈRE GRIFFON.

Vous y revenez encore?

CROUSTILLAC.

Et sans doute.

LE PÈRE GRIFFON.

Écoutez, comme vous ne devez jamais la voir...

CROUSTILLAC.

Jamais ?

LE PÈRE GRIFFON.

Jamais... Je puis donc vous dire cette circonstance de ma vie: j'étais plus languissant d'ennui que jamais lorsqu'apparut un bâtiment sans pavillon, qui, chaque soir, s'approchait de la côte et chaque matin s'en éloignait: d'abord, on s'en inquiéta ; mais nul ravage, nulle trace de descente hostile ne vint justifier ces craintes ; la curiosité n'en fut que plus excitée, et de tous, j'étais celui qui restait le plus tard sur la plage pour examiner les mouvements du vaisseau mystérieux. Une nuit j'allais me retirer, lorsque deux hommes que je n'avais pas aperçus, sortent de derrière une roche ; l'un d'eux vient à moi, et d'une voix accentuée, mais qui n'avait rien de menaçant, me dit: Mon père, veuillez me suivre. J'obéis ; dans une petite anse voisine une pirogue nous attendait...Pendant le trajet pas un mot ne fut échangé ; à bord on nous reçut avec respect, et l'on me conduisit dans la chambre principale, où l'on me laissa un moment seul ; mais bientôt je vis rentrer mon guide ; il tenait par la main une jeune fille d'une éclatante beauté. Tous deux en silence se mirent à genoux devant moi, je les regardais et je voyais des larmes dans leurs yeux... ce moment était solennel... Mon père, me dit le jeune homme, je suis proscrit ; cet ange a accompagné ma fuite... nous sommes libres... Elle n'a qu'un père retenu loin de nous, et qui l'a confiée à ma tendresse ; moi, j'ai cessé d'exister pour le monde... mon père, bénissez-nous ; je promets entre vos mains d'avoir pour elle toutes les tendresse. Et moi je promets, dit une voix angélique, d'avoir assez d'amour pour qu'il oublie et ne sache plus qu'il a souffert dans le passé... Quand sous le sceau de la religion j'eus connu leur nom, leur infortune, je consacrai leur union, et jamais le prêtre n'appela sur un jeune couple avec une plus sainte ardeur les bénédictions du Dieu qui console. Depuis ce temps-là, chevalier, ma vie a un intérêt, et mon cœur n'est plus vide.

CROUSTILLAC.

Ils sont restés près de vous ?

LE PÈRE GRIFFON.

Ils n'ont jamais habité le Macouba.

CROUSTILLAC.

Et la jeune femme ?

LE PÈRE GRIFFON.

De peur qu'on n'oublie d'où elle vient, son nom rapelle le ciel.

CROUSTILLAC.

Elle s'appelle... Céleste ?

LE PÈRE GRIFFON, *souriant.*

Peut-être bien. (*Dupont dessert la table.*)

CROUSTILLAC.

Allons, nous sommes tous deux de braves gens... dans un genre différent ; vous êtes content, et moi j'en ai la certitude, je le serai bientôt. (*Dupont rentre avec du vin.*)

LE PÈRE GRIFFON.

Eh bien, buvons un verre de vin des Canaries... A votre santé ! chevalier.

CROUSTILLAC.

A la santé de ma future !

LE PÈRE GRIFFON.

Votre future ?

CROUSTILLAC.

Eh ! oui, la Barbe-Bleue.

LE PÈRE GRIFFON, *tressaillant, à part.*

Que dit-il ?... (*Haut.*) Quelle folie ?

CROUSTILLAC.

Folie ! non pas ! Si vous saviez quel portrait ils m'ont fait au port Saint-Pierre de cette adorable veuve, et sa beauté, et son aimable inconstance et, ses favoris, et ses richesses, et ce Morne enchanteur, que monsieur Satan a bâti de ses propres mains.

LE PÈRE GRIFFON, *très-vivement.*

Contes absurdes répétés par la sottise dans ce pays à moitié barbare, où l'on peut tout dire et tout croire.

CROUSTILLAC.

C'est possible, mais dès demain j'y vais.

LE PÈRE GRIFFON, *effrayé.*

Où cela ?

CROUSTILLAC.

Eh ! donc, au Morne au Diable.

LE PÈRE GRIFFON.

Vous ?

CROUSTILLAC.

Moi... La veuve devient folle de ma personne... je l'épouse... je la ramène en France avec ses millions... nous allons au pays retrouver la vieille mère, la bonne sœur, et je vous rends une hospitalité royale, moins les fricassées d'écureuils, de perroquets et de singes, bien entendu.

LE PÈRE GRIFFON.

Allons, chevalier... c'est une folie... n'en parlons plus.

CROUSTILLAC.

Eh ! donc, vous refusez de me conduire au Morne au Diable ?

LE PÈRE GRIFFON.

Positivement.

CROUSTILLAC.

Qué ? un autre m'y conduira...

LE PÈRE GRIFFON.

Mais !...

CROUSTILLAC.

J'irai, vous dis-je... (*A ce moment une flèche siffle et va se ficher au dossier du fauteuil de Croustillac.*)

LE PÈRE GRIFFON, *se levant.*

Une flèche !... Dupont, Monsieur, prenez vos fusils... A moi, mes enfants !... les Caraïbes ! (*Dupont et Monsieur entrent précipitamment.*)

DUPONT *et* MONSIEUR.

Les Caraïbes ?...

CROUSTILLAC, *ébahi, toujours assis.*

Qué ? les Caraïbes !... où diable les prenez-vous, les Caraïbes ? dans l'air ? (*Dupont et Monsieur se sont armés. Monsieur sort par la porte, Dupont par la fenêtre.*)

LE PÈRE GRIFFON, *à Croustillac.*

Voyez cette flcèhe.

CROUSTILLAC.

Où donc ?

LE PÈRE GRIFFON.

Au dossier de votre fauteuil.

CROUSTILLAC.

Une flèche !... allons, Brigandine ! au grand jour, ma mie ! et tâtons un peu du Caraïbe. (*L'Épée à la main il regarde la flèche.*) Mordious, leurs flèches sont longues... dites-moi, mon digne hôte, pourquoi y mettent-ils des morceaux de papier.

LE PÈRE GRIFFON.

Comment ?

CROUSTILLAC.

Voyez !

LE PÈRE GRIFFON, *détache un papier attaché à la flèche et lit, à part.*

C'est lui ! il était là !.. il a tout entendu.

CROUSTILLAC.

Eh bien !

LE PÈRE GRIFFON.

C'était une fausse alerte. (*Aux esclaves.*) Revenez mes enfants. (*Dupont et Monsieur rentrent.*) Remettez ces armes et laissez-moi. (*à part.*) L'avertissement sera bon.

CROUSTILLAC.

Le diable me brûle si je comprends... Vous criez les Caraïbes !

je dégaîne... puis vous dites : Fausse alerte, et je rengaîne... mais cependant voilà une flèche qui, six pouces plus haut, me coupait net la parole dans la gorge.

LE PÈRE GRIFFON, *lui donnant le billet.*

Lisez.

CROUSTILLAC.

Je sais bien un peu d'anglais, un peu d'allemand, mais croyez-vous donc que je sache le caraïbe? (*Il déploie le papier.*) Tiens! tiens! c'est en français. (*Lisant.*) Premier avertissement au chevalier de Croustillac, s'il persiste à vouloir aller au Morne au Diable.

LE PÈRE GRIFFON.

On a su vos projets... on veut vous forcer d'y renoncer.

CROUSTILLAC, *rêveur.*

Comment a-t-on pu savoir?

LE PÈRE GRIFFON.

Peu importe... on le sait.

CROUSTILLAC.

Drôle de petite poste.

LE PÈRE GRIFFON.

Chevalier vous renoncez, n'est-ce pas? à cette folle entreprise.

CROUSTILLAC, *avec dignité.*

Mon hôte, vous ne connaissez pas Croustillac.

LE PÈRE GRIFFON.

Mais, malheureux, vous ne savez pas à quels dangers vous vous exposez... vous risquez votre vie.

CROUSTILLAC.

Qué! ma vie! elle est belle, n'est-ce pas? pour la ménager.

LE PÈRE GRIFFON.

Faites donc à votre tête... heureusement, vous ignorez où est le Morne au Diable, personne ne vous servira de guide, et vous ne pourrez trouver un chemin au milieu des forêts impraticables qui entourent ma maison... sombres repaires infestés d'animaux dangereux... chats-tigres... serpents...

CROUSTILLAC.

Qué! chats-tigres! à bon chat, bon rat! les serpents?... je mettrai des échasses comme dans nos landes de Gascogne, et je ferai ainsi les enjambées plus longues...

LE PÈRE GRIFFON, *à part.*

Cet homme à bout de ressources est capable de tout... Que faire?... que faire?..

CROUSTILLAC, *à part.*

Ce vieux est aussi entêté que moi.

LE PÈRE GRIFFON, *avec douceur.*

Chevalier, un dernier mot... Vous êtes, je le vois, de ces braves cœurs que la difficulté excite, loin de les rebuter... soit !... mais cette retraite où l'on ne peut pénétrer ni par ruse ni par force n'annonce-t-elle pas des mystères qu'il faut respecter ?

CROUSTILLAC, *à part.*

Bonhomme, tu veux me tourner; je vais te donner un leurre.

LE PÈRE GRIFFON,

Et si ma supposition était vraie, ne pensez vous pas qu'un galant homme....

CROUSTILLAC.

Ah ! je ne puis pas souffrir ce langage.

LE PÈRE GRIFFOP.

Pourquoi ?

CROUSTILLAC.

Si vous me prenez par les sentiments je suis un homme perdu, ruiné.

LE PÈRE GRIFFON.

Comment ?

CROUSTILLAC.

C'est six millions que cela me coûtera pour le moins... trouvez donc quelqu'un qui paie un souper ce prix-là.

LE PÈRE GRIFFON, *avec joie.*

Vous avouez donc que j'ai raison ? et vous renoncez à ce rêve...

CROUSTILLAC.

Ah ! mon beau rêve !

LE PÈRE GRIFFON.

Que comptez-vous faire alors dans cette île ?

CROUSTILLAC.

Vous me croyez à bout ?

LE PÈRE GRIFFON.

Mais encore.

CROUSTILLAC.

Le Juif errant a toujours cinq sous dans sa poche et le gascon cinq ressources dans sa tête... tenez, combien comptez-vous d'habitants très-riches à la Martinique ?

LE PÈRE GRIFFON.

Une centaine.

CROUSTILLAC.

N'exagérons pas... mettons moitié... Il y a donc, à la Martinique, cinquante riches qui s'ennuient comme des marteaux de porte, et qui seraient ravis de rencontrer et de garder auprès d'eux des hommes d'esprit et de joyeuse humeur... suis-je de ces gens-là... oui ou non ?

LE PÈRE GRIFFON.

Assurément.

CROUSTILLAC.

Et donc! j'accorde à chacun de ces malheureux six mois de ma présence; c'est donc vingt-cinq ans d'une bonne et excellente vie, bien assurée, et si le bon Dieu veut que je pousse plus loin, je puis recommencer une nouvelle série avec les enfants de mes premiers hôtes.

LE PÈRE GRIFFON.

Voilà un projet...

CROUSTILLAC.

J'en ai dix autres comme cela... lequel choisirai-je?.. la nuit porte conseil.

LE PÈRE GRIFFON.

Vous avez raison, nous en sommes convenus, pas de cérémonie... holà! (*Monsieur paraît.*) De la lumière. (*Il allume des bougies.*)

CROUSTILLAC.

Monsieur simplement, veux-tu me montrer ma chambre? (*Monsieur passe devant lui.*) Bonsoir donc, mon hôte.

LE PÈRE GRIFFON.

Bonne nuit, chevalier.

CROUSTILLAC, *avant d'entrer dans sa chambre.*

C'est dommage pourtant... Ah bah!

SCÈNE IX.

LE PÈRE GRIFFON, MONSIEUR, *tenant un bougeoir.*

LE PÈRE GRIFFON.

Il me semble que cet abandon de son projet n'est pas sincère... sous cette insouciante gaîté cacherait-il une ruse? une trahison? Ces rumeurs répétées à voix basse, et dont je me suis alarmé, auraient-elles suggéré à la cour de France ou d'Angleterre, la pensée d'envoyer ici un émissaire, un espion?.. et cet homme... (*à Monsieur.*) La porte de cette chambre (*montrant celle de Croustillac*), ferme-t-elle bien?

MONSIEUR.

Oui, maître.

LE PÈRE GRIFFON.

La croisée donne sur la cour entourée de toutes parts de bâtiments. Va à la cour en faisant le tour de la maison... ferme toutes les portes de cette cour... qu'on ne puisse sortir de ce côté... tu y resteras en observation, et deux minutes après que tu auras vu la lumière s'éteindre dans la chambre du chevalier, tu viendras m'avertir en frappant doucement à ma porte. (*Monsieur sort par la porte donnant dehors.*)

LE PÈRE GRIFFON.

Que cet homme soit extravagant ou mal intentionné, il faut l'empêcher d'aller au Morne au Diable... Et moi-même je vais l'y précéder... je ne sais encore si j'aurai le courage d'annoncer la fatale nouvelle... mais quoique les projets de cet aventurier leur soient déjà connus, je leur dirai de redoubler de prudence. (*Il rentre dans sa chambre. Nuit complète.*)

SCÈNE IV.

CROUSTILLAC, *ouvrant sa porte avec précaution et redescendant en scène à pas comptés.*

Personne! J'ai soufflé ma lumière... Allons, Croustillac, suivez votre étoile, mon ami... Jamais elle n'a eu des rayons si dorés... Brigandine, soyez sage, et ne gênez pas ma marche à travers les forêts vierges... Seulement, ma fille, veillez aux chats-tigres, (*Cherchant dans le coin à gauche.*) Il y a par ici une grande gaule. (*Il la saisit.*) Bien! elle me servira à effaroucher les serpents. (*S'arrêtant sur le bord de la fenêtre.*) Bon dieu, faites-moi riche, non pour moi, mais pour ces deux pauvres et chères femmes des landes de Gascogne!.. Ainsi soit-il! (*Il enjambe la fenêtre.*) Maintenant en route: (*Il disparaît. Monsieur revient avec précaution et va frapper doucement à la porte de Père Griffon, qui sort de sa chambre.*)

SCÈNE V.

PÈRE GRIFFON, *puis* DUPONT *et* MONSIEUR.

PÈRE GRIFFON.

Bien, un tour de clé va me répondre de ce fou dangereux. (*Il va à la chambre de Croustillac.*) Ouverte! que signifie? (*Appelant.*) Chevalier! chevalier! (*Il entre et ressort.*) Parti, parti, sans guide! Il est impossible qu'il ne s'égare pas! N'importe... Dupont, Dupont. Il ne peut être encore loin.

DUPONT.

Qui donc?

PÈRE GRIFFON.

Le chevalier.

DUPONT.

Parti?...

PÈRE GRIFFON.

Enfui... Va, cours sur ses traces.

DUPONT.

Oh ! je le rattraperai. (*Il sort vivement par la porte extérieure.*)

PÈRE GRIFFON, *à Monsieur.*

Va seller Grenadille. (*Monsieur sort.*) Il faut aller les mettre en garde contre ce forcéné... Mais quel est ce bruit ?

SCÈNE VI.

LES MÊMES, LE COMTE DE CHEMERAULT, OFFICIER, GARDES.

DUPONT, *accourant.*

Mon père, mon père !

LE PÈRE GRIFFON.

Eh bien, quoi ?

DUPONT.

Des soldats... Un officier.

LE PÈRE GRIFFON.

Des soldats ici ? que me veulent-ils ? Oh ! contretemps fâcheux ! Dupont, cours au-devant d'eux... dis-leur que je n'y suis pas... dis-leur...

DUPONT.

Ah ! mon père, les voici !...

LE PÈRE GRIFFON, *à part.*

Que Dieu ait pitié de ces pauvres enfants et de moi !

LE COMTE DE CHEMERAULT, *suivi d'un officier et de soldats.*

Vous êtes le père Griffon.

LE PÈRE GRIFFON.

Curé du Macouba.

LE COMTE.

Vous êtes allé en France ?

LE PÈRE GRIFFON.

Qui ai-je l'honneur de recevoir ?

LE COMTE.

Le comte de Chemerault, envoyé du roi de France, arrivé depuis deux heures sur la frégate *la Fulminante.* (*Le père Griffon s'incline, Chemerault reprend :*) Vous êtes allé en France pour y chercher les dernières volontés de lord Sidney.

LE PÈRE GRIFFON, *étonné.*

Il est vrai... Comment a-t-on pu savoir ?

LE COMTE.

On l'a su... Vous allez souvent au Morne au Diable ?

LE PÈRE GRIFFON.

Quelquefois.

LE COMTE.

Quel est l'homme qui est là ?

LE PÈRE GRIFFON.

Mais j'ignore....

LE COMTE.

Je le connais, moi... Savez-vous son nom ?...

LE PÈRE GRIFFON, *interdit.*

Son nom ?

LE COMTE.

Je le sais, moi... Ignorez-vous aussi que les Anglais ont tenté de s'introduire dans l'île ?

LE PÈRE GRIFFON.

Les côtes sont trop bien gardées...

LE COMTE.

Un officier entreprenant a abordé hier.

LE PÈRE GRIFFON, *avec effroi.*

Ici ?...

LE COMTE.

Vous tremblez pour le maître mystérieux du Morne ; il faut que je le voie sans retard. (*A son escorte.*) Nous allons partir, messieurs... (*Le père Griffon profite de ce moment pour parler bas à Dupont qui est près de lui.*)

LE PÈRE GRIFFON, *à Dupont, à mi voix.*

Va, cours au morne, avertis-les. (*Chemerault a remarqué ce mouvement et suit Dupont des yeux.*)

LE COMTE.

Mon père, vous marcherez devant nous. Quatre hommes veilleront sur vous ; si vous me refusez, dans deux heures, vous êtes aux fers sur *la Fulminante*, et dans deux mois, à la Bastille pour le reste de vos jours. Réfléchissez.

LE PÈRE GRIFFON, *à part.*

Refuser, ce n'est point écarter le danger, aller au morne est peut-être encore un moyen de sauver ces malheureux jeunes gens.

CHEMERAULT *a vu Dupont sortir et prendre sa course ; à quatre soldats en leur montrant Dupont.*

Feu sur cet homme !...

LE PÈRE GRIFFON, *se couvrant le visage.*

Oh ! le malheureux !

LE COMTE.

Partons !...

TROISIÈME TABLEAU.

La Caverne. — Le théâtre représente une caverne dans un bloc de rochers. Au fond, au milieu, on aperçoit une galerie naturelle, d'abord assez haute, et qui s'abaisse en s'enfonçant, et au bout de laquelle, par une étroite ouverture, on voit la lumière bleuâtre d'une belle nuit d'été. Le théâtre est dans une demi-obscurité, à gauche, quelques roches et des terres annoncent un éboulement récent.

SCENE I.

RUTLER, PAULY, *mulâtre*.

(*Pauly paraît le premier en scène, franchissant les roches de droite; avant d'en descendre, il donne la main à Ruttler qui surmonte l'obstacle avec moins de peine.*)

RUTLER.

Où sommes-nous ?

PAULY.

Vois.

RUTTLER, *examinant autour de lui*.

Une grotte au milieu des rochers !... (*Il s'assied sur une pierre. Pauly s'assied à ses pieds et joue avec indifférence.*) La fatigue de mon naufrage, ce voyage entrepris après quelques heures de repos seulement, cette forêt à traverser, ces rochers à gravir, tout cela, je l'avoue, a épuisé mes forces; mais un moment de repos, et la pensée que j'approche du but où j'aspire, m'auront bientôt remis. (*Regardant autour de lui.*) Tu es sûr de ce chemin?

PAULY.

Parfaitement.

RUTLER.

Par où sortirons-nous d'ici ?

PAULY, *sans lever la tête, et montrant la gauche*.

Par là !...

RUTLER.

Je ne vois aucune route... Quand mes yeux seront faits à l'obscurité, j'apercevrai peut-être... Est-ce qu'il n'y avait pas, pour arriver à la clairière où Patrice m'a donné rendez-vous, un chemin plus facile?

PAULY.

Si.

RUTLER.

Pourquoi ne l'as-tu pas choisi?

PAULY.

Par là-bas un étranger serait arrêté; un mulâtre marron tué. Je n'ai pas voulu.

RUTLER.

Tu aurais pu ne pas t'inquiéter de moi, mais toi, que Patrice dit si brave, tu as peur.

PAULY.

Jusqu'à demain, oui.

3

RUTTLER.

Et pourquoi ?

PAULY, *avec énergie.*

Demain, je serai vengé.

RUTTLER.

De qui ?

PAULY, *avec la même énergie.*

Du Morne au Diable !

RUTLER.

Tu y as été eslave !

PAULY, *avec indifférence.*

Oui.

RUTTLER, *avec un vif intérêt.*

As-tu vu ta maîtresse ?

PAULY.

Non.

RUTLER.

Tu ne pénétrais donc pas dans les appartements ?

PAULY.

Jamais.

RUTLER.

Qui donc faisait le service auprès d'elle ?

PAULY.

Une jeune fille anglaise et des mulâtresses.

RUTLER.

Mais ta maîtresse sortait ?

PAULY.

Avec un masque.

RUTLER.

Et ton maître ?

PAULY.

Son premier mari ?

RUTLER.

Oui, Patrice m'a parlé de ces fables... Eh bien ? son premier mari, comment était-il ?...

PAULY.

Beau, grand, mince.

RUTLER.

Son âge ?

PAULY.

Vingt-cinq ans.

RUTLER, *à part.*

Ces précautions.... ces renseignements... c'est lui.... (*Haut.*) Et pourquoi veux-tu te venger ?

PAULY, *abaissant sa chemise de son épaule.*

Regarde.

RUTLER.

Une horible cicatrice... Ton dos a été déchiré...

PAULY.

De coups de fouet...

RUTLER.

Et ton épaule est marquée...

PAULY.

D'un fer brûlant...

RUTLER, *avec un retour de doute.*

Et c'est ton maître... ou ta maîtresse qui t'a fait châtier ainsi?

PAULY.

Pauly ne ment pas!... Ni maître, ni maîtresse... le commandeur!

RUTLER.

Et pour que le commandeur te fît infliger un si rude supplice, qu'avais-tu fait?

PAULY.

J'aimais Betty!

RUTLER, *vivement.*

Betty!...

PAULY.

La jeune anglaise, la femme de chambre, et presque l'amie de la Barbe-Bleue!

RUTLER, *à part.*

Oh! plus de doute!... Angèle, c'est bien toi! (*Haut.*) Et cette Betty t'aimait aussi?...

PAULY.

Non... J'avais un rival... le commandeur!

RUTLER.

Eh bien! puisqu'elle ne t'aimait pas?

PAULY.

J'ai voulu l'entraîner avec moi.

RUTLER.

On t'a arrêté?

PAULY.

Oui.

RUTLER.

On t'a condamné au fouet... et à cette marque infamante?

PAULY.

Oui.

RUTLER.

Et après?

PAULY, *avec énergie.*

J'ai tué le commandeur!

RUTLER, *se levant.*

Que veux-tu donc encore?

PAULY, *avec la même énergie.*

Tuer Betty ! (*Il se lève.*)

RUTLER, *à part.*

Voilà un homme qui nuirait à mes projets... Quand il m'aura conduit, nous verrons. (*Haut.*) Et par quel chemin as-tu pu fuir !...

PAULY, *avec indifférence.*

Par le chemin du chacal et de l'Oiseau.

RUTLER.

Et quel est ce chemin ?

PAULY.

Maître Patrice le connaît.

RUTLER.

Tu aimes maître Patrice ?

PAULY.

J'aime Patrice et toi aussi.

RUTLER.

Moi ! tu m'as vu hier pour la première fois ! pourquoi m'aimes-tu ?

PAULY, *riant.*

Tu veux leur faire du mal.

RUTLER, *à part.*

Cet homme vous met en face de vos projets avec une brutalité !

PAULY.

Marchons-nous ?

RUTLER.

Oui... un mot auparavant. Pendant que je reposais, au commencement de la nuit, as-tu pu aller au brigantin?

PAULY.

Oui !

RUTLER.

Comment y as-tu été?

PAULY.

Dans mon balaour.

RUTLER.

C'est donc un bâtiment léger?

PAULY.

Comme une mouette.

RUTLER.

Et très-bas?

PAULY.

Comme une petite vague.

RUTLER.

Combien t'a t'on donné d'hommes?

PAULY.

Dix.

RULLER.

Et tu les a cachés?

PAULY.

A l'Anse aux caïmans.

RUTLER.

Ils m'attendront?

PAULY.

Toi ou un ordre.

RUTLER.

Maintenant marchons.

PAULY, *après avoir été examiner les roches.*

Non.

RUTLER.

Pourquoi?

PAULY.

Regarde!

RUTLER.

Un éboulement!

PAULY.

Un éboulement.

RUTLER.

Est-ce qu'il ferme le chemin?

PAULY.

Il ferme le chemin.

RUTLER.

Malédiction! et qui a causé cet éboulement?

PAULY.

L'orage d'hier.

RUTLER.

Quoi! l'air ébranlé par un grand bruit?

PAULY.

C'est assez.

RUTLER.

Et plus moyen d'arriver à mon rendez-vous avec Patrice?

PAULY.

Si!

RUTLER.

Par où?

PAULY, *montrant l'ouverture du fond.*

Par là.

4.

RUTLER, *examinant.*

Comment franchir ce passage ?

PAULY.

Debout comme un homme, courbé comme un chien, couché comme un serpent.

RUTLER, *avec résolution.*

Eh bien ! rien ne m'arrêtera !.. mes armes ?

PAULY, *lui donnant ses pistolets.*

Voici.

RUTLER.

Montre-moi le chemin.

PAULY.

Venez.

RUTLER, *à l'entrée, encore debout.*

Combien faut-il de temps pour traverser ce passage ?

PAULY, *déjà plus avant, et s'agenouillant.*

Un quart d'heure.

RUTLER.

Serons-nous loin encore de la clairière ?

PAULY.

On la voit au haut du roc.

RUTLER.

Hâtons-nous donc ; le jour doit être prêt à paraître. (*Pauly est déjà couché dans la grotte ; Rutler est accroupi près de ses pieds.*)

PAULY, *d'une voix altérée.*

Maître !

RUTLER.

Eh bien ?

PAULY.

Sentez-vous ?

RUTLER.

Oui, une odeur forte et fétide.

PAULY.

Arrêtez.

RUTLER.

Pourquoi ?

PAULY.

C'est un serpent fer de lance.

RUTLER.

Dangereux.

PAULY

Mortel.

RUTLER.

Quel est ce bruit ?

PAULY.

Il est en colère, il frappe la terre de sa queue.

RUTLER.

Reviens.

PAULY.

Ne bougez pas, il viendrait tout de suite.

RUTLER.

Prends une pierre pour la lui jeter.

PAULY, *avec un cri.*

A moi! à moi! je suis mort! (*Rutler épouvanté reste cloué à la même place. Le serpent passe près de lui et vient se perdre au milieu des rochers de droite.*)

RUTLER, *revenant peu à peu à lui.*

Horreur! horreur! Pauly! Pauly!... Plus de mouvement... mort! (*Il sort de l'ouverture en chancelant.*) Cet homme voulait se venger, et la mort la plus épouvantable l'a frappé! Serait-ce un présage? dois-je renoncer... lâcheté!... Non, je ne reculerai pas... ôtons ce cadavre qui me ferme l'unique issue. (*Il ramène le cadavre sur la scène.*) Esclave, laisse passer ma colère et notre vengeance. (*Au moment où il se retourne, il aperçoit la tête du serpent qui s'agite à l'entrée de la caverne. Il recule avec effroi.*) Le serpent!... la mort! (*Avec rage et armant un pistolet.*) Non, je ne veux pas mourir encore. (*Il tire, le serpent tombe. — Rutler se précipite dans la caverne en criant :*) Monmouth, je vais à toi maintenant. (*A peine est-il entré dans la caverne, qu'un éboulement de terre et de rocs se fait derrière lui, et le dérobe aux regards.*)

QUATRIÈME TABLEAU.

Le Boucan.—Le théâtre représente une forêt épaisse avec amas de roches. Sur la droite, un arbre touffu et isolé au pied duquel se trouve un trou circulaire ; sur les bords sont plantés quatre petits pieux terminés en fourche à leur extrémité supérieure ; au pied d'un autre arbre, des feuilles recouvrent les objets que prendra successivement Met-à-Mort. Au fond, vers le milieu, une échappée de vue laisse apercevoir dans le lointain une masse de rochers abruptes sur les parois desquels des broussailles, des anfractuosités ne peuvent offrir qu'un chemin périlleux. On sentier étroit descend à la vallée qui sépare ces deux points du paysage. Vers la gauche, sentier montueux gravissant entre des roches qui ne permettent pas d'apercevoir la vallée. Au lever du rideau, entre les branches de l'arbre isolé, on voit pendre la jambe chaussée d'un bas rose de Croustillac endormi, dont le corps est caché dans le feuillage. Il commence à faire jour.

SCÈNE I.

CROUSTILLAC, *endormi sur l'arbre.* RUTLER, *il arrive en gravissant par le sentier de la vallée.*

RUTLER.

Ce doit être ici... C'est bien le lieu qu'il m'avait indiqué... je n'aperçois pas encore Patrice... Avant son arrivée, remettons-nous de ces terribles émotions... il faut lui cacher la mort de cet esclave... Mais il ne vient pas, manquerait-il à cette entrevue ? oh ! non ; tout m'est garant que ma proie m'est assurée. Cachons à cet homme, qui ne rêve qu'une stérile vengeance, l'intérêt plus puissant, la royale mission qui m'attire ici; et quant j'aurai su de lui tout ce qu'il m'importe de savoir, tâchons de l'écarter, pour satisfaire à la fois et mon amour et mon ambition... J'entends des pas... c'est lui !...

SCÈNE II.

RUTLER, PATRICE.

RUTLER.

Je t'ai devancé au rendez-vous.

PATRICE.

C'est qu'à mesure que l'instant décisif approche, je suis saisi d'une sorte de crainte et d'hésitation.

RUTLER.

Hésiter, craindre, toi qui as montré dans cette poursuite tant d'implacable persévérance !

PATRICE.

Écoutez, colonel; je suis un de ces Écossais qui, voués au service, au culte d'une famille, vivent pour l'aimer, pour la protéger ou la venger. J'étais près de mon maître, de lord Sidney, à la bataille de Bridgewater, quand, levant avec le duc de Montmouth, l'étendard de la liberté contre Jacques II, il fut obligé de céder au nombre et de se réfugier en France avec sa fille, miss Angèle. Deux mois après, je retournais à Londres avec lui, je l'accompagnais jusqu'au seuil de la tour où le prince était prisonnier, et un mois plus tard, j'attendais encore lord Sydney, quand je vous ai vu, quand vous m'avez dit qu'il avait péri par une infâme trahison; je vous ai promis que nous le vengerions, et aujourd'hui, je suis prêt à tenir ma promesse, mais à ce moment suprême, j'ai besoin que ma haine soit encore affermie.

RUTLER.

Que veux-tu de moi ?

PATRICE.

Vous étiez épris de miss Angèle ?

RUTLER.

Oui, je l'aimais de la passion la plus ardente.

PATRICK.

Comme toutes vos passions; vous avez toujours eu de la haine pour le prince, duc de Montmouth, que cependant vous n'aviez jamais vu.

RUTLER.

Oui, je le haïssais parce que je savais qu'il aimait Angèle, oui je le hais, parce qu'il a conduit lord Sydney à la mort?

PATRICK.

Et cette mort, vous en êtes bien certain? Vous me l'attestez sur l'honneur?

RUTLER.

J'atteste sur l'honneur que, chargé par le roi Jacques de faire exécuter dans la tour de Londres, pendant la nuit, la sentence qui condamnait à mort le duc de Montmouth, on amena devant moi un prisonnier qui, enveloppé d'un grand manteau, et couvert d'un large feutre, monté sur la plate-forme de l'échafaud, là, il se mit à genoux sans prononcer une parole, sans faire un geste, et tendit le cou à la hache. La tête bondit, roula à mes pieds, et avec horreur, je reconnus les traits de lord Sydney !...

PATRICK.

Lâche Montmouth !

RUTLER.

Et pour amener lord Sydney au sacrifice de sa vie, Montmouth avait abusé d'un bruit de grâce qui avait couru dans la journée.

PATRICK.

Et vous n'avez révélé ce secret qu'à moi?

RUTLER.

Oui, violant pour toi seul le silence que m'avait imposé le roi Jacques.

PATRICK.

Et miss Angèle a disparu du couvent où son père l'avait placée en France?

RUTLER.

Pour suivre l'assassin de son père.

PATRICK, *d'un air sombre.*

Bien ! bien !...

RUTLER.

Mais toi? comment et-tu parvenu a découvrir ?..

PATRICK.

Comment? j'ai cherché,... j'ai suivi leurs traces, comme un limier , j'ai battu l'Amérique, .la Havane, la Guadeloupe, et depuis quatre mois je suis ici... en arrêt sur ma proie... attendant qu'en levant un dernier doute, vous me la livriez enfin.

RUTLER.

Et maintenant?

PATRICE.

Maintenant, lord Sydned sera vengé, et la famille de mes bien aimés seigneurs ne sera plus deshonorée par une fille indigne... Morchons.

RUTLER.

Et tu connais un chemin qui conduit dans leur retraite?

PATRICE.

Par celui-ci que m'a montré Pauly.

RUTTLER.

Viens donc !

PATRICE, *à part, le suivant.*

Allons, car lui ne vengerait qu'à demi l'honneur des Sidney. (*Ils sortent,*)

SCÈNE III.

MET-A-MORT, CROUSTILLAC, *d'abord endormi sur l'arbre.*

MET-A-MORT, *entrant par la droite.*

Ah! il n'y a rien de changé depuis mon départ du boucan... bôn, seulement j'avais oublié de mettre cuire des ignames. (*Il aperçoit un chat-tigre mort.*) Tiens, un chat-tigre éventré! encore un! un troisième! et tous sous cet arbre! Qui diable est venu faire la chasse ici, cette nuit? Ils se sont peut-être fait la guerre! Non, il est percé comme avec une épée... C'est assez drôle, ma foi. (*Courant au marcassin.*) Bien... voilà le marcassin qui se dérange et la sauce a manqué renverser, attachons-lui les pattes avec des lianes pour qu'il puisse boucaner bien à son aise... et ranimons le feu. (*La fumée du rôti commence à monter dans l'arbre.*)

CROUSTILLAC, *s'asseyant sur une branche et se détirant.*

Eh donc ! je n'ai pas trop mal dormi! sans mon combat contre ces bêtes féroces, la fin de ma nuit aurait été bonne... Où diable suis-je? je n'apperçois que des arbres et des roches... Il faudra bien cependant que je trouve ce palais d'Armide... Mais qu'est ceci?... On dirait qu'il fume dans cette forêt... Oh! oh! la fumée se parfume d'une appétissante odeur de rôtisserie... (*Se penchant et voyant Met-à-Mort au pied de l'arbre.*) Eh mordious, je le crois bien! c'est ce maraud qui, là en bas, fait cuire... Qué diable! fait-il cuire là ? Est-ce encore une cuisine de singes et de perruquets ? eh! l'ami !

MET-A-MORT, *levant la tête vivement.*

Hein ! qui me parle?

CROUSTILLAC.

Moi! mordious! là-haut ! au premier au dessus de l'entresol, à la fenêtre à votre main gauche en montant vers le ciel.

MET-A-MORT.

Tiens! qu'est-ce que vous faites donc là... vous? Eh! l'homme.

CROUSTILLAC.

Qué? je suis chez moi, et je sors de mon lit... comme vous voyez.

MET-A-MORT.

Vous avez passé la nuit sur cet arbre?

CROUSTILLAC.

Oui, mon brave! mais, je vous prie, dites-moi, ou diable je suis?

MET A-MORT.

Vous êtes sur un arbre.

CROUSTILLAC, *à part.*

Quelle brute! (*Haut.*) Je vais descendre de chez moi. (*Il descend.*) Eh donc! vous me paraissez avoir l'appétit bien matinal, mon brave... votre nom?

MET-A-MORT.

Met-à-mort!

CROUSTILLAC.

Vous dites?

MET-A-MORT.

Met-à-mort!

CROUSTILLAC.

C'est le nom de madame votre mère?

MET-A-MORT.

C'est mon surnom de boucanier.

CROUSTILLAC.

Ah! vous êtes boucanier; que diable faites vous là?

MET-A-MORT.

Vous le voyez bien, je plume un ramier.

CROUSTILLAC.

Eh bien donc, vous le jetez?

MET-A-MORT, *qui a mis le ramier dans le marcassin.*

Dans la marmite.

CROUSTILLAC.

Dans votre cuisine, on peut manger la marmite.

MET-A-MORT.

Comme vous dites, et c'est le meilleur.

CROUSTILLAC.

Ce marcassin vous a un fumet... en refuserez-vous une tranche à un gentilhomme affamé?

MET-A-MORT, *en passant.*

Oui!

CROUSTILLAC.

Et pourquoi? mordioux!

MET-A-MORT.

Parce que ce marcassin n'est pas à moi.

CROUSTILLAC.

A qui donc est-il?

MET-A-MORT.

A mon maître.

CROUSTILLAC.

Et ton maître, comment s'appelle-t-il, où est-il?

MET-A-MORT.

Il s'appelle Arrache-l'âme, et le voilà. (*Il montre Arrache-l'âme qui vient de descendre le sentier à gauche.*)

SCÈNE IV.

LES MÊMES, ARRACHE-L'AME.

ARRACHE-L'AME, *Il entre gaiement et d'un pas agile.*

Que la liberté est douce par cette belle matinée, par cet air pur et vivifiant! La liberté et Angèle!.. hâte-toi, reviens, Sidney, que je n'aie plus un désir à former... un regret d'absence à mêler à mes remercîments au ciel!

CROUSTILLAC, *à part..*

Voilà donc un des galants de la Barbe-Bleue? Pécaire!

ARRACHE-L'AME, *allant du côté du boucan et tout en se débarrassant de ses armes. A part.*

Encore ce Gascon!... Comment est-il ici?

CROUSTILLAC.

Ah! ça, mais il ne me voit donc pas?

MET-A-MORT.

Maître, c'est cuit.

ARRACHE-L'AME.

Mangeons. (*Il s'assied. Met-à-mort lève une tranche de mar-cassin, et la lui met sur une feuille de basilier; il en fait ensuite autant pour lui, tous deux se mettent à manger.*)

CROUSTILLAC.

Il ne me dit rien! c'est un peu trop fort. (*Il va à lui.*) Camarade!

ARRACHE-L'AME.

Met-à-mort, on te parle... réponds.

CROUSTILLAC.

C'est à vous.

ARRACHE-L'AME.

Non!

CROUSTILLAC.

Comment, non!

ARRACHE-L'AME.

Vous dites camarade; je ne suis pas votre camarade.

CROUSTILLAC.

Et comment faut-il vous appeler pour avoir une réponse?

ARRACHE-L'AME.

Si vous venez m'acheter des peaux de taureaux, appelez-moi comme vous voudrez... Si vous venez pour voir un boucan, regardez... Si vous avez faim, mangez.

CROUSTILLAC, *à part.*

C'est une brute; mais j'aime assez ce dernier mot. (*A Met-à-Mort.*) Un de vos six couteaux, s'il vous plaît. (*Il prend un des couteaux de la gaîne de Met-à-Mort, va au marcassin, en coupe une tranche, prend une igname et revient s'asseoir en mangeant, entre Arrache-l'Ame et Met-à-Mort.*) C'est, mordious, très-bon.

ARRACHE-L'AME, *le regardant.*

Ah ça, dites donc, vous êtes venu en litière avec vos bas roses?

CROUSTILLAC.

Je serais venu sur la tête si j'avais su rencontrer le grand boucanier Arrache-l'Ame.

ARRACHE-L'AME.

Eh bien! quand vous l'aurez assez vu, vous pourrez vous en aller.

CROUSTILLAC.

J'aime votre franchise, digne roi des forêts; mais pour m'en aller, il faudrait connaître mon chemin.

ARRACHE-L'AME.

Où voulez-vous aller?

CROUSTILLAC, *à part.*

Mordious, payons d'audace. (*Haut.*) Je voudrais passer par le chemin du Morne-au-Diable.

ARRACHE-L'AME.

Le chemin du Morne au Diable conduit droit en enfer.

CROUSTILLAC, *souriant.*

Bien! bien!... Mais un curieux qui aurait la fantaisie d'y aller?

ARRACHE-L'AME.

N'en reviendrait pas!

CROUSTILLAC.

C'est un avantage; on ne s'égare pas au retour. (*Prenant le verre de Met-à-Mort.*) A votre santé... Il n'importe; montrez-moi cette route, mon glorieux tueur de taureaux.

ARRACHE-L'AME, *se levant.*

Nous avons mangé au même boucan; je ne puis pas vouloir votre perte.

CROUSTILLAC.

Ainsi pénétrer au Morne-au-Diable...

ARRACHE-L'AME.

C'est chercher tous les dangers de mort qu'un homme peut courir.

CROUSTILLAC.

Qué! tous ces dangers-là n'en font qu'un; on ne meurt qu'une fois, je suppose, et, mordious, avant de mourir, cette épée que voilà... (*Il se lève et dégaîne.*)

ARRACHE-L'AME.

Est-ce avec cette vaillante épée que vous avez éventré ces chats? (*Met-à-Mort rit.*)

CROUSTILLAC, *exaspéré.*

Mes maîtres! je n'aime pas qu'on me rie au nez.

ARRACHE-L'AME,

Oh! oh! l'homme aux bas roses!...

CROUSTILLAC, se *mettant en garde.*

Mordious, si vous n'avez pas plus peur d'un homme que d'un taureau, en garde!

MET-A-MORT, *à Arrache-l'Ame.*

Un mot, et je l'écorche.

ARRACHE-L'AME.

Ne bouge pas, je me charge de lui.

CROUSTILLAC.

En garde, misérable! ou je te marque au visage.

ARRACHE L'AME. (*Il se met en garde avec son fusil et pare.*)

Allez toujours; vous avez la pointe; moi, j'ai la crosse.

CROUSTILLAC, *ferraillant.*

Enfer!

ARRACHE-L'AME, *toujours riant.*

C'est dommage, ce coup droit était bien fourni... Allons, la plaisanterie a assez duré. (*Il le désarme, et lève la crosse de son fusil.*) Ta vie est à moi! Je te brise la tête d'un coup de crosse.

CROUSTILLAC, se *prenant la tête des deux mains.*

Et vous aurez trois fois raison, car je suis un triple traître.

ARRACHE-L'AME.

Comment?

CROUSTILLAC.

J'avais faim, vous m'avez donné à manger; soif, vous m'avez donné à boire; vous étiez sans épée, et je vous ai attaqué comme une bête enragée; brisez-moi la tête, mordious.

ARRACHE-L'AME, *à part.*

Non, ce n'est là ni un espion ni un traître..... J'ai bien envie... pourquoi non? Je céderais à un désir d'Angèle. (*Haut allant à Croustillac.*) Voyons, touchez là; bonne est l'amitié qui commence par une bataille.

CROUSTILLAC, *hésitant.*

Franchise pour franchise! Avant de vous donner la main, il faut que je vous déclare une chose.

ARRACHE-L'AME.

Quoi?

CROUSTILLAC.

J'aime la Barbe-Bleue, et je suis décidé à tout faire pour parvenir jusqu'à elle et pour lui plaire.

ARRACHE-L'AME.

Soit! touchez là, frère.

CROUSTILLAC.

Comment! malgré ce que je vous ai dit?

ARRACHE-L'AME.

Oui!

CROUSTILLAC.

Il vous est égal que je tâche de pénétrer au Morne au Diable?

ARRACHE-L'AME.

Je vous y conduirai à l'heure même.

CROUSTILLAC.

Et je verrai la Barbe Bleue?

ARRACHE-L'AME.

Tout à votre aise.

CROUSTILLAC.

Je lui parlerai?

ARRACHE-L'AME.

Tant que vous voudrez.

CROUSTILLAC, *à part.*

Ce malheureux n'a pas la moindre conscience du danger que je vais lui faire courir.

ARRACHE-L'AME.

Allons, prenez votre aiguille et suivez-moi.

CROUSTILLAC, *ramassant son épée.*

Je suis prêt.

ARRACHE-L'AME.

Vous n'aurez pas le vertige au moins, en côtoyant les précipices?

CROUSTILLAC.

Qué! le vertige! je marcherais sur une lame de rasoir pour arriver au Morne au Diable.

ARRACHE-L'AME.

En ce cas, venez.

CROUSTILLAC.

Il faut grimper par là?

ARRACHE-L'AME, *commençant à gravir le sentier.*

Avez-vous déjà peur?

CROUSTILLAC.

On donne le fouet aux marmots de mon pays lorsqu'ils ont seulement le malheur de prononcer le mot peur. (*Sur un nouvel appel d'Arrache l'Ame, il le suit dans les sentiers montueux; pendant ce temps, on aperçoit dans le lointain Rutler et Patrice qui commencent à gravir la paroi de la montagne à pic au haut de laquelle est le Morne au Diable.*)

CINQUIÈME TABLEAU.

Le Morne au Diable. — Le théâtre représente un beau jardin; à droite, bosquet; à gauche, un pavillon ouvert en saillie; au fond, une terrasse, riche campagne. Au lever du rideau, Angèle est couchée dans un hamac, sous le bosquet; ses femmes l'entourent.

SCÈNE I.

ANGÈLE, BETTY, MULATRESSES.

ANGÈLE, *se réveillant.*

Betty! Betty, es-tu là?

BETTY.

Me voici, madame. (*Elle aide Angèle à descendre de son hamac.*)

ANGÈLE, *aux Esclaves.*

Éloignez-vous un moment, mes filles. (*Les Esclaves remontent la scène. Angèle continue à Betty.*) Dis-moi, Betty, mon père et mon époux n'étaient-ils pas là tout à l'heure?

BETTY.

Que dites-vous? lord Sidney ici?

ANGÈLE.

Oui?

BETTY.

Hélas! madame, il n'y a ici personne que vos esclaves et moi... personne, pas même monsei.....

ANGÈLE.

Tais-toi!... Ce n'était donc qu'un songe?... Ah! que ne puis-je rêver toujours ainsi!... Je revoyais mon père... Il arrivait de France... mon Jacques bien-aimé était avec lui, mes mains enlacées dans les siennes... Un tel rêve m'est envoyé du ciel... Oh! oui, j'en ai le pressentiment, notre bon curé du Macouba nous rapporte d'heureuses nouvelles de France... Il aura vu mon père.

BETTY.

Et peut-être l'aura-t-il accompagné?

ANGÈLE.

Le crois-tu? à cette idée, ma vie, déjà si belle, me semble plus belle encore. (*Aux Esclaves.*) Venez, venez.

BETTY, *allant à sa maîtresse.*

Maîtresse!

ANGÈLE.

Qu'y a-t-il?

BETTY.

C'est maître Arrache-l'Ame avec un étranger, je les aperçois.

ANGÈLE, *avec gaieté.*

Il a cédé à mon désir! il amène ce bizarre aventurier dont il m'a raconté la vie et les prétentions... Comme il est toujours bon et soigneux de mes plaisirs, mon Jacques bien-aimé! Viens, Betty, il ne faut pas paraître ainsi devant cet étranger. (*Elle sort, suivie de ses femmes, par le premier plan de la galerie.*)

SCÈNE II.

CROUSTILLAC, MONMOUTH.

(*Croustillac regarde autour de lui avec ébahissement.*)

MONMOUTH.

Allons donc, chevalier! que diable avez-vous à regarder ainsi autour de vous?

CROUSTILLAC.

Qué? ce que j'ai? Je suis enchanté, ébloui, ravi, stupéfait! Jamais je n'ai vu pareille magnificence, pas même chez le roi de Bohême.

MONMOUTH.

Eh bien! j'ai tenu ma promesse, j'espère.

CROUSTILLAC.

En loyal et généreux rival.

MONMOUTH.

Maintenant je vais vous présenter à la Barbe-Bleue, venez.

CROUSTILLAC.

Qué? tout de suite.

MONTMOUTH.

Comment, c'est là votre bel empressement?

CROUSTILLAC.

Donnez-moi le temps de respirer, capédébious! Cette route à travers les roches escarpées m'a essoufflé. (*Se regardant, à part.*) Mordious! je suis vêtu comme un mendiant, et me présenter ainsi devant la reine de mes pensées, par Cupidon! c'est impossible. (*Haut.*) Ce justaucorps et ces chausses étaient hier presque neufs et à cette heure, vous voyez, mordious! on dirait qu'ils sont âgés de six mois.

MONMOUTH.

Ils ont l'air plus vénérable que cela, chevalier.

CROUSTILLAC.

Vénérable! c'est votre enragé de soleil qui en un jour à dévoré la couleur de ces habits... Et mon baudrier donc, voyez, ce soleil affamé en a mangé tout l'or, capédébious. Il n'en a laissé que le fil et le buffle. Eh donc? mon brave chasseur, est-ce que je ne trouverais pas ici quelques nippes pour me vêtir plus congrument?

MONMOUTH.

Vous croyez donc que la Barbe-Bleue tient boutique de friperie?

CROUSTILLAC.

Qué! pensez-vous que je la soupçonne capable de cet ignoble trafic?... Mais enfin, s'il restait, par hasard, dans le coin d'un vestiaire, quelques habits provenant... d'un des défunts maris de la Barbe-Bleue, de notre divine hôtesse?

MONMOUTH.

Eh bien?

CROUSTILLAC.

Eh bien, donc, quoiqu'il m'en coûte de m'affubler d'une défroque qui n'est pas mienne, et qui peut surtout m'habiller fort mal, je consentirais pourtant à m'en accommoder.

MONMOUTH, *riant.*

Ma foi, chevalier, votre idée est bonne... Dans les trois défunts maris de la Barbe-Bleue, il y en avait justement un à peu près de votre taille.

CROUSTILLAC.

C'était un digne homme que ce défunt.

MONMOUTH.

Et comme il se vêtissait toujours magnifiquement, vous aurez de quoi choisir. (*Il frappe sur un timbre. Betty paraît.*)

CROUSTILLAC.

Capédébious, brave boucanier, vous êtes le plus aveugle et le plus généreux des rivaux. (*Monmouth parle à l'oreille de Betty, qui revient bientôt, suivie d'esclaves portant l'une une aiguière d'or, l'autre une cassolette à parfums, etc.*)

CROUSTILLAC, *à part.*

Je commence à avoir une terrible peur... Tant de richesses, et enfermée... invisible... cette pauvre Barbe-Bleue est dans la cinquantaine. (*Entrée des esclaves.*)

MONMOUTH.

Allons, chevalier, votre toilette est prête.

CROUSTILLAC.

Qué? ma toilette?

MONMOUTH, *montrant les femmes.*

Ces esclaves portent des eaux de senteur, des parfums, des essences, elles vont vous conduire et vous serviront de pages.

CROUSTILLAC.

Allons, mignonnettes, faites-moi oublier ce fripon de la Jon-quille. Merci, mon brave rival. Je vais quelque peu rehausser ma bonne mine naturelle, et je reviens ici.

MONMOUTH.

Où vous trouverez la Barbe-Bleue.

CROUSTILLAC.

Je la trouverai ici? tout à l'heure? (*A part.*) Est-ce que je veille? est-ce que je rêve? Eh donc! va toujours, mon brave Croustillac; dame fortune aime les vaillants et les aventureux. (*Pendant qu'il sort, Angèle entre en courant et se précipite au cou de Monmouth en riant.*)

SCÈNE III.

MONMOUTH, ANGÈLE.

ANGÈLE, *riant.*

Tu l'as rencontré?

MONMOUTH.

Ce matin à mon boucan, résolu, comme César, à tenter l'en-treprise, à venir t'épouser; et je te l'ai amené bien moins, je te l'avoue, pour donner une victime à ta joyeuse humeur, madame la rieuse, que par mesure de prudence...

ANGÈLE.

La folie, je la comprends; mais la mesure de prudence.

MONMOUTH.

J'ai, tu le sais, mon Angèle, cédé à ton désir, et, il faut le dire aussi, à une des nécessités de ma position de fugitif et de pros-crit, en me rendant méconnaissable sous divers déguisements... Et pourtant, quelquefois, je crains que l'excès même de nos pré-cautions nous nuise.

ANGÈLE.

Voyons, mon Jacques bien-aimé, raisonnons. (*Souriant.*) Cela te paraît drôle; c'est égal, raisonnons un peu et tu verras que ton Angèle n'est pas une tête aussi folle qu'elle te paraît La prudence voulait que tu ne sortisses jamais de notre demeure de crainte d'être reconnu dans l'île par quelqu'un qui t'aurait vu en Europe.

Alors, pour toi, mon ami, quelle triste existence ! C'était une prison... Grâce à tes déguisements, tu peux aller et venir dans l'île, chasser, parcourir la mer à ton aise, sans danger pour toi, sans alarmes pour moi. Ainsi nous avons le double avantage de dérouter toutes les conjectures en les rendant fabuleuses, et d'éloigner de notre chère retraite les curieux et les indiscrets; car il ne débarque pas tous les jours dans l'île des chevaliers gascons assez aux abois pour vouloir épouser la Barbe-Bleue.

MONMOUTH.

Que vas-tu faire de lui ?

ANGÈLE.

Lui donner de quoi raconter par toute l'île, de quoi ajouter aux sombres et brillants mystères du Morne au Diable...

BETTY, *accourant.*

Madame ! l'étranger !.. Il sort de la chambre bleue.

ANGÈLE.

Viens, Jacques, viens ; je te dirai mon projet ; laissons-le seul un moment. (*Elle sort avec Monmouth derrière les bosquets à droite, Betty les suit.*)

SCÈNE IV.

CROULTILLAC, BETTY.

CROUSTILLAC, *superbement vêtu.*

Eh donc, chevalier, te voilà digne de toi-même... Ce défunt était, mordious, d'élégante et belle taille, car ses habits ont l'air d'être faits pour moi. Mais ces nouvelles magnificences, me donnent à penser malgré moi... La Barbe-Bleue doit avoir la soixantaine... Plus... peut-être.

BETTY, *entrant par le fond à droite.*

Monseigneur, voici ma maîtresse. (*Elle sort par le fond à gauche.*)

CROUSTILLAC.

Je me sens défaillir.

SCÈNE V.

CROUSTILLAC, ANGÈLE.

ANGÈLE.

Nous voici seuls, chevalier.

CROUSTILLAC, *détournant la tête, à part.*

Seuls !.. Rappelle-toi, mordious ! que tout est possible ; car en Barbarie, tu as appris en trois jours à faire des babouches. (*Il se retourne lentement vers elle, et l'apercevant il la regarde quelque tems, puis s'écrie :*) Ciel et terre ! quelle est belle !..

ANGÈLE, *riant.*

Ah! ah! excusez-moi, chevalier, mais votre étonnement... Ah!.. ah!..

CROUSTILLAC, *frappé au cœur.*

Par ma mère! qu'elle est belle!

ANGÈLE, *riant.*

Eh bien! brave chevalier, voilà tout ce que vous avez à me dire?..

CROUSTILLAC, *à part, avec émotion.*

Mordious! j'ai eu tort de venir ici, je me sens frappé là, (*Il montre son cœur.*)

ANGÈLE, *riant.*

Ah ça chevalier, vous me ferez croire qu'un méchant magicien vous a ôté la parole.

CROUSTILLAC, *à part.*

C'est vrai. J'ai l'air d'une grue.

ANGÈLE, *riant.*

Ah! ah! pardon encore, chevalier, mais... Ah! ah!..

CROUSTILLAC, *avec sentiment.*

Vous riez, madame... J'ai l'air bien sot, c'est que je vois... C'est que j'admire.

ANGÈLE, *riant.*

Non chevalier, ce n'est pas cela qui me fait rire je; ris parce que... (*Riant,*) vous avez les yeux de mon premier mari... la taille du second .. et le nez du troisième!..

CROUSTILLAC, *avec un mouvement de dépit et de chagrin.*

Je suis ravi, adorable veuve, de réunir ainsi en ma seule personne un petit échantillon de vos trois défunts maris. (*Avec un accent de tendresse.*) Mais par Vénus, votre patronne, je serais capable de vous aimer pour trois, et pour quatre .. en me comptant.

ANGÈLE.

Cela veut dire, n'est-ce pas, chevalier, que vous voulez m'épouser?

CROUSTILLAC, *stupéfait.*

Comment... vous...

ANGÈLE

Arrache-l'âme m'avait prévenue; mais vraiment vous me gâtez; vous êtes si facile, si accommodant! aussi... un jour, comment vous remplacerai-je?

CROUSTILLAC, *ébahi.*

Me remplacer?

ANGÈLE.

Oui, après vous?

CROUSTILLAC.

Comment, après moi?

ANGÈLE.

Jugez donc, que de difficultés pour trouver quelqu'un qui m'épouse...en cinquièmes noces...car après vous, je serai veuve de mon quatrième! Songez donc à cela, chevalier.

CROUSTILLAC.

J'y songe, madame, quoique cette réflexion ne soit pas couleur de rose ; mais il paraît seulement que vous assigneriez un terme bien court à mon bonheur.

ANGÈLE.

Mais, dame... un an environ... un peu plus... un peu moins.

CROUSTILLAC.

Capédébious, j'aime mieux que ça soit plus... madame.

ANGÈLE.

Et c'est si vite passé, un an! dans un bon ménage!

CROUSTILLAC, *à part.*

Est-ce à l'entendre, est-ce à la regarder que ma tête se perd ainsi ?...Mais c'est une épreuve, elle veut m'effrayer, afin de voir si j'ai vraiment le cœur d'un César. (*Avec explosion.*) Eh bien, soit! un an, un jour (*entrée de Monmouth*), une heure, une minute, qu'importe la durée de mon bonheur? (*Il tombe à genoux.*) Ne fût-ce qu'un éclair lancé de ces beaux yeux.

ANGÈLE, *vivement.*

Vrai, vous consentiriez à m'épouser malgré tout?

CROUSTILLAC, *se jetant à genoux.*

Malgré le ciel et l'enfer !

SCÈNE VI.

LES MÊMES, MONMOUTH, *puis* RUTTLER *et* PATRICE.

MONMOUTH, *qui s'est approché.*

Et ma foi, chevalier, vous aurez raison.

CROUSTILLAC.

Mordious !

MONMOUTH.

Barbe-Bleue n'est pas un mauvais parti.

CROUSTILLAC, *se relevant.*

Monsieur !

MONMOUTH.

Eh bien ! à quand la noce ?

CROUSTILLAC, *sévèrement.*

Je veux bien servir de jouet à madame, mais pas à vous, mon maître.

ANGÈLE, *alarmée.*

De jouet! chevalier?

CROUSTILLAC.

Eh! madame, que voulez-vous que je pense? Le boucanier m'offre de m'amener ici; introduit près de vous, vous m'offrez votre main avec empressement, afin de succéder aux trois maris que vous avez consommés depuis quinze mois... sans compter le cinquième, auquel vous pensez déjà.

ANGÈLE.

Eh bien, monsieur?

CROUSTILLAC.

Ah ça, madame, on prend donc le chevalier de Croustillac pour un oison? Mordious! je ne suis pas si sot que j'en ai l'air; après un moment d'ivresse, la raison revient. Je ne donne pas dans ces fabuleuses consommations de maris, et je ne demande pas vingt-quatre heures pour démêler tout ce que cachent ces bizarreries.

MONMOUTH, *à Angèle.*

Tu as été trop loin.

ANGÈLE, *bas.*

O mon Dieu!

CROUSTILLAC, *à part.*

Elle a pâli! quel est donc ce mystère? (*Au fond Rutler et Patrice paraissent.*)

RUTLER, *montrant Croustillac. A mi-voix.*

C'est lui, c'est le prince!

PATRICE, *à mi-voix.*

Un boucanier est avec lui.

RUTLER, *à mi-voix.*

Retirons-nous, attendons qu'il soit seul. (*Ils se retirent.*)

ANGÈLE, *bas.*

Je vais tâcher de tout réparer.

MONMOUTH, *bas.*

Et moi, l'empêcher, en tout cas, de sortir d'ici.

ANGÈLE, *bas.*

Je reprends confiance, va. (*Elle lui baise la main, Montmouth sort.*)

CROUSTILLAC, *qui a vu.*

Ah! c'est le comble! cette enchanteresse, baiser la main d'un tel misérable!

ANGÈLE, *en souriant, bas.*

Serait-il jaloux?

CROUSTILLAC, *à part.*

Cette femme si différente de toutes celles que j'ai vues... Ah mordious, je suis faible... je suis sot... Mais... mais, par ma mère, cela me fait tant de mal... que j'en pleure... Oui, j'en pleure de douleur et de rage, car je l'aime déjà comme un insensé. (*Il tombe sur un banc et cache son visage.*)

ANGÈLE, *qui l'a toujours examiné.*

Pauvre chevalier! il souffre... Décidément il a du cœur. (*Elle va à lui.*) Écoutez-moi, chevalier; je vous ai paru étrange; mais il ne faut pas croire que je méconnaisse les gens de cœur... Et quoique vous soyez peut-être un peu vain... un peu fanfaron... un peu outrecuidant...

CROUSTILLAC.

Madame !...

ANGÈLE.

Au fond, je vous crois bon et brave... et, bien que vous soyez pauvre et d'une naissance obscure...

CROUSTILLAC, *avec dignité.*

Madame, il y avait un sire de Croustillac à la Croisade.

ANGÈLE.

Si vous étiez né riche et puissant, vous eussiez fait, j'en suis sûr, un noble emploi de votre fortune. La misère aurait pu vous conseiller beaucoup plus mal qu'elle ne l'a fait, car vous avez, m'a-t-on dit, souffert et enduré de cruelles privations.

CROUSTILLAC, *à part.*

Cette voix touchante, cette bonté... Ah! malheureux, il ne me manquait plus que cela. (*Haut et tâchant de rire.*) Si vous avez de moi, madame, si bonne opinion, je ne m'étonne pas que vous m'ayez choisi pour mari.

ANGÈLE.

Tenez, chevalier, ne parlons plus de cette plaisanterie.

CROUSTILLAC.

Vous me l'avouez, madame, j'étais votre jouet.

ANGÈLE.

Non... mais dans ma solitude...

CROUSTILLAC.

Votre solitude! madame! Votre solitude! Il me semble que dans votre solitude, vous avez bien assez de distraction pour vous passer de celle-là.

AGÈLE, *avec bonté.*

Chevalier, oubliez les folies que je vous ai dites, ne pensez plus à ma main, qui ne peut appartenir à personne, chevalier, à personne, entendez-vous bien, et que cela vous console... Vous êtes libre de sortir d'ici... Mais, comme souvenir du Morne au Diable et de la Barbe-Bleue, vous me permettrez de vous offrir, n'est-ce pas? quelques-uns de ces diamants dont vous étiez si épris avant de m'avoir vue.

CROUSTILLAC, *avec dignité.*

Madame, je ne vous demande qu'un guide pour sortir de votre maison.

ANGÈLE.

Vous aurez un guide, chevalier, mais...

CROUSTILLAC.

Madame, je suis ridicule, je suis vain, je suis un chevalier d'aventure, mais j'ai mon point d'honneur à moi.

ANGÈLE.

Mais, monsieur...

CROUSTILLAC.

Madame, j'ai pu amuser le capitaine du bâtiment qui m'a conduit ici pour le payer du passage qu'il m'a donné sur son navire ; c'était là un misérable métier, madame, je le sais plus que personne. C'était là un marché tout comme un autre.

ANGÈLE, *à part.*

Pauvre homme, il m'intéresse !

CROUSTILLAC.

Je ne dis pas cela pour être plaint, madame ; je veux seulement vous faire comprendre que si, par nécessité, j'ai pu accepter le rôle d'un commensal complaisant, jamais je n'ai reçu d'argent en paiement d'une humiliation... Puissiez-vous, madame, ignorer le mal que m'a fait votre offre ; moins encore, croyez-le bien, parce que cette offre était outrageante que parce qu'elle était faite par vous.

ANGÈLE.

Ah ! monsieur, mes regrets...

CROUSTILLAC.

Au fait, pourquoi m'auriez-vous traité autrement ? Sous quels auspices suis-je entré ici? Comme un bouffon que l'on paye et qu'on chasse quand on a ri. Pourquoi se gêner avec moi? Les vêtements que je porte ne m'appartiennent même pas.

ANGÈLE.

A votre tour vous êtes cruel, monsieur ; vous me faites durement sentir le tort d'une plaisanterie dont je n'avais pas deviné la portée. Je suis coupable, je l'avoue... Pardonnez-moi donc, je vous en conjure, le mal que je vous ai fait involontairement.

CROUSTILLAC.

Ces bonnes paroles me font tout oublier... Ah ! madame, priez le ciel de me donner l'occasion de me faire tuer pour vous, je mourrai content.

ANGÈLE.

Dieu merci, cette occasion ne se présentera pas. Ainsi, la paix est faite? Vous ne m'en voulez plus de mes folies?

CROUSTILLAC.

Moi! vous en vouloir?

ANGÈLE.

Consentez-vous à m'attendre ici?

CROUSTILLAC.

Ici?

RUTLER, *paraissant au fond.*

Les voici, tâchons d'écouter.

ANGÈLE.

Oui, attendez-moi là, et je suis sûre, cette fois, vous ne refuserez pas ce que je vais vous apporter. Adieu, mon ami. (*Elle rentre.*)

RUTLER, *à part.*

Son ami! plus de doute, c'est lui! c'est lui!

SCÈNE VII.

CROUSTILLAC *seul la suivant des yeux*, RUTLER.

CROUSTILLAC.

Cette femme-là, je l'adore... eh! bien... après, ça ne nuit à personne, et je ne sais... Il me semble que cela me rend meilleur. Il y a deux jours, j'aurais peut-être accepté ces diamants, aujourd'hui cela me fait honte... Allons, mon pauvre Croustillac, il faut partir!

RUTLER, *terrassant Croustillac.*

Je vous arrête comme coupable de haute trahison.

CROUSTILLAC, *à part.*

Qu'est-ce qu'il dit celui-là?

RUTLER.

Vous êtes mort si vous faites un mouvement, ou si vous appelez madame la duchesse, votre femme, à votre secours.

CROUSTILLAC, *à part.*

La duchesse!... ma femme?

RUTLER.

J'ai promis au roi, mon maître, de vous ramener mort ou vif.

CROUSTILLAC.

Voulez-vous d'abord me laisser relever?... Je vous promets de ne pas crier; mais je suis très-mal comme cela.

RUTLER.

Mylord duc, souvenez-vous de vos promesses.

CROUSTILLAC, *à part.*

Mylord duc! (*Il se relève et regarde Ruttler en face.*) Eh bien! il ne s'aperçoit pas de sa méprise? (*Haut.*) Vous êtes bien sûr, monsieur, que c'est moi que vous cherchez?

RUTLER.

Que votre grâce n'essaye pas de me tromper, j'ai entendu votre conversation avec madame la duchesse... Quel autre, d'ailleurs, que vous, mylord, se promènerait à cette heure avec elle? Quel autre que votre grâce porterait ce justaucorps dont votre royal père vous avait revêtu?...

CROUSTILLAC, *à part.*

Mon royal père !

RUTLER.

Et que vous portiez encore dans une fatale circonstance que je ne veux pas rappeler.

CROUSTILLAC.

Je vous permets de tout me dire, monsieur. Je vous y engage même très-instamment. Expliquons-nous... pourquoi tenez-vous tant à me tuer?

RUTLER.

Ecoutez-moi bien. Vous avouerez qu'en ce moment vous ne pouvez m'échapper. Si, en essayant de fuir, vous me mettiez dans la dure nécessité de vous tuer...

CROUSTILLAC.

Dure nécessité pour tous deux, monsieur.

RUTLER.

Je le pourrais d'autant plus impunément, mylord duc, que vous êtes déjà mort... et que l'on n'aurait ainsi aucun compte à rendre de votre sang.

CROUSTILLAC.

Si je vous ai bien entendu, monsieur, vous tenez à me faire comprendre que vous pouvez me tuer impunément sous le prétexte, assez spécieux, j'en conviens, que je suis déjà mort?

RUTLER.

Je n'aurais jamais cru, mylord duc, que vous pussiez plaisanter sur ce terrible moment qui a dû vous laisser pourtant de bien affreux souvenirs... Telle sera donc toujours la reconnaissance des princes !

CROUSTILLAC *traverse le théâtre, se dirige vers le pavillon, Rutler lui barre le passage, avec impatience.*

Je dois vous déclarer, monsieur, qu'il ne s'agit pas de reconnaissance ou d'ingratitude dans cette affaire, et que... (*A part.*) N'allons pas faire quelque bévue... (*Haut*) Permettez, monsieur. (*Il le fait redescendre en scène.*) Il me semble que nous nous écartons de la question... Dites-moi simplement ce que vous voulez de moi.

RUTLER.

J'ai l'ordre, monseigneur, de vous conduire à la Tour de Londres.

CROUSTILLAC, *à part*

Mordious ! le quiproquo ne me convient plus !

RUTLER.

Je n'ai pas besoin de vous dire, mylord duc, que vous y serez traité avec les respects qui sont dus à vos malheurs et à votre rang. (*Il lui présente le pistolet.*)

CROUSTILLAC.

Permettez-moi de réfléchir un moment. (*A part.*) J'entrevois vaguement que l'erreur de ce brutal à mon endroit peut servir cette adorable petite créature... Une fois arrivé en Angleterre, la méprise sera reconnue. Or, comme il faut, après tout, que je retourne en Europe, j'aime bien mieux, si cela se peut, y retourner en prince qu'en passager gratis de maître Daniel. (*Haut.*) Mais la duchesse ?

RUTLER.

Ce mariage est nul, mylord ; il a été contracté après votre exécution à mort!

CROUSTILLAC.

Savez-vous bien, monseigneur, qu'il faut être bien sûr de son fait pour prêter aux gens de pareilles originalités ?

RUTLER.

Tranchons là. On veut faire de vous un instrument, et j'ai pour mission de ruiner les projets d'un envoyé de France, qui, d'accord ou non avec votre grâce, peut arriver d'un moment à l'autre.

CROUSTILLAC.

Je vous donne ma parole de gentilhomme que j'ignorais les projets de cet envoyé français.

RUTLER.

Je crois votre grâce ; mais le roi, mon maître, ne peut oublier, mylord duc, que vous avez porté vos vues sur le trône d'Angleterre.

CROUSTILLAC.

Eh bien ! c'est vrai, je ne le nie pas.

RUTLER.

Ah !...

CROUSTILLAC.

Que voulez-vous ? l'ambition, la gloire, l'entraînement de la jeunesse... Mais, croyez-moi, l'âge nous mûrit, nous rend sages ; avec les années, l'ambition s'éteint, on vit content de peu dans la retraite... Une fois tranquille dans le port, jetant un regard philosophique sur les orages et les passions, on cultive les champs paternels, quand on en a, ou du moins on regarde couler en paix le fleuve de la vie, qui va bientôt se perdre dans l'océan de l'é-

ərnité... Je n'hésiterai donc pas, en confirmation de ces paroles,
ı vous jurer de ne jamais élever la moindre pretention au trône
-l'Angleterre... vrai... foi de gentilhomme, je n'en ai pas la
"moindre envie.

RUTLER.

Milord duc, je dois remplir ma mission... Si vous hésitez, je
:ompte sur un puissant auxiliaire.

CROUSTILLAC.

Et lequel ?...

RUTLER.

Instruite par moi, vous voyant sous le coup de cette arme...

CROUSTILLAC, *à part.*

Il est insupportable avec son pistolet !...

RUT‹ER.

Madame la duchesse aimera mieux vous voir prisonnier que
tué.. on sait combien elle est dévouée à son époux.

CROUSTILLAC, *à part.*

Son époux; mais en acceptant ce rôle, je sauve donc quelqu'un
qu'elle aime !...Elle serait heureuse par moi !...sans le savoir!..
allons, c'est bien cela, mon pauvre Polyphême... Ferme ! du
courage.

RUTLER, *qui a regardé à gauche.*

Tenez, milord, la voici.

CROUSTILLAC, *à part.*

Est-ce un secours ?

RUTLER.

Pas un mot, car je suis là, près de vous, et au moindre mou-
voment pour m'échapper...

CROUSTILLAC.

C'est bon !...C'est entendu. (*Rutler se cache derrière un arbre.*)

SCENE VIII.

CROUSTILLAC, RUTLER, PATRICE, ANGÈLE.

CROUSTILLAC.

C'est elle !

PATRICE, *paraissant au fond entre les arbres, à part.*

C'est elle !...

ANGÈLE.

Je veux réparer mon erreur, généreux ami, et vous ne refuserez pas de ma main un présent...(*Elle lui offre une épée, Croustillac la saisit.*)

CROUSTILLAC.

Une épée ! ah ! je ne crains plus rien !

RUTLER.

Mylord duc, vous êtes mort !... (*Au même instant Rutler tire son pistolet. Angèle s'enfuit en poussant un cri.*)

PATRICE, *à demi caché au fond.*

Elle fuit !... ah ! le colonel ne la tuerait pas, lui... (*Il court du même côté qu'elle.*)

CROUSTILLAC.

Vous m'avez manqué, à mon tour. (*Il se précipite sur lui l'épée haute, Une lutte s'engage.*)

RUTLER.

On approche... qui vive ?

SCÈNE IX.

LES MÊMES, LE COMTE DE CHEMERAULT, LE PÈRE GRIFFON, SOLDATS.

LE COMTE DE CHEMERAULT.

Envoyé du roi de France.

RUTLER.

Trahison ! (*Il frappe Croustillac de son poignard.*)

CROUSTILLAC, *tombant.*

Je suis mort !...

CHEMERAULT.

Aux armes !... (*On se précipite sur Rutler, que l'on contient.*)

RUTLER.

Monsieur l'envoyé de France, vos projets sont déjoués... Vous veniez chercher Jacques duc de Monmouth, relevez ce cadavre.

CHEMERAULT.

Malheureux, vous serez fusillé dans les vingt-quatre heures... (*On emmène Rutler.*)

CROUSTILLAC, *se relevant et se tâtant.*

Pas maladroit... cette casaque est plastronnée à l'épreuve de la balle et de la pointe.

CHEMERAULT, *revenant.*

Monseigneur, êtes-vous gravement blessé ?

GRIFFON, *à part.*

Le Gascon sous ce costume !

CHEMERAULT.

Que votre altesse s'appuie sur moi.

CROUSTILLAC, *à part.*

Votre altesse ! Celui-là aussi ! (*Haut.*) Merci, monsieur, je ne suis qu'un peu étourdi. (*Il se relève.*)

CHEMERAULT.

Que votre altesse me permette de lui présenter les compliments de mon maître, sa majesté très-chrétienne, le roi de France.

CROUSTILLAC, *à part..*

J'aime bien mieux celui-là. (*Haut.*) Sa majesté est bien bonne.

CHEMERAULT.

Votre altesse veut-elle m'accorder deux minutes d'entretien pour lui expliquer ma mission ?

CROUSTILLAC.

Très-volontiers, monsieur...

CHEMERAULT.

Le comte de Chemerault.

CROUSTILLAC.

Très - volontiers, monsieur le comte de Chemerault. (*Ils s'avancent sur la scène.*)

LE PÈRE GRIFFON.

Est-ce un rôle convenu qu'il joue-là ? allons le savoir près du prince. (*Il sort.*)

CHEMERAULT, *avec mystère et même jeu pendant toute la scène.*

Vos partisans s'agitent.

CROUSTILLAC.

Oui, monsieur.

CHEMERAULT.

Il dépend de vous de resaisir l'éclatante position qui vous est due.

CROUSTILLAC.

Oui, monsieur.

CHEMERAULT.

Vous vous mettez à la tête des partisans de votre oncle, Jacques Stuart.

CROUSTILLAC.

Oui, monsieur.

CHEMERAULT.

Car le roi ne veut plus voir en vous que son digne neveu.

CROUSTILLAC.

Il a raison... Il faut toujours en revenir à la famille. Mon Dieu ! que chacun y mette un peu du sien, et tout finira par s'arranger.

CHEMERAULT.

Tout est favorable à la tentative projetée ; un bon nombre de vos anciens compagnons d'armes, de vos loyaux serviteurs, m'ont accompagné.

CROUSTILLAC.

Ici ?

CHEMERAULT.

Ils sont à bord de la frégate.

CROUSTILLAC.

Bien, ne les laissez pas débarquer.

CHEMERAULT.

Tels ont été mes derniers ordres; mais on a bien de la peine à retenir leur enthousiasme.

CROUSTILLAC.

Pauvres amis!

CHEMERAULT.

Les Dudley, les Rothsay!

CROUSTILLAC.

Ah! les Rothsay sont là?

CHEMERAULT.

Lord Mortimer...

CROUSTILLAC.

Ce vaillant Mortimer... aussi.

CHEMERAULT.

Il voulait se jeter à la nage.

CROUSTILLAC.

Un caniche de fidélité.

CHEMERAULT.

Avec de tels hommes, avec les armes que contient la frégate, il faut frapper un coup rapide.

CROUSTILLAC.

Où ça?

CHEMERAULT.

Chut... le Cornouaille s'agite.

CROUSTILLAC.

Le Cornouaille s'agite?

CHEMERAULT.

Il vous attend.

CROUSTILLAC.

Le Cornouaille m'attend?

CHEMERAULT.

Et mon maître, et votre oncle, Jacques Stuart, vous offrent le titre, les avantages de vice-roi d'Écosse et d'Irlande.

CROUSTILLAC.

A moi!

CHEMERAULT.

Je suis porteur des letres patentes de Leurs Majestés.

CROUSTILLAC.

Pardon, monsieur, ceci mérite réflexion. (*Le comte de Chemerault se retire un moment au fond du théâtre.*) Tout à l'heure une prison assez propre, sans doute... mais perpétuelle... Maintenant une vice-royauté... Il y a des gens qui aiment cela... quoique... Enfin, il faut au moins offrir... Si cela convient à la Barbe-Bleue... et à son... je ne sais qui... Je n'ai pas le droit de prendre tout pour moi...

CHEMERAULT, *se rapprochant.*

Votre Altesse me paraît maintenant décidée ; il ne m'en coûte plus de lui révéler l'autre partie de ma mission.

CROUSTILLAC.

Ah ! il y a une autre partie ?

CHEMERAULT.

Votre Altesse comprendra qu'en lui parlant avec la franchise qu'elle a pu remarquer tout à l'heure...

CROUSTILLAC.

Je l'ai remarquée.

CHEMERAULT.

J'étais chargé de brûler ainsi ses vaisseaux.

CROUSTILLAC.

Comment ! vous brûliez mes vaisseaux ?

CHEMERAULT.

Je mettais Votre Altesse dans l'impossibilité de reculer. Si vous n'eussiez pas accepté, j'aurais eu l'honneur de conduire directement Votre Altesse aux îles Sainte-Marguerite, où elle garderait une prison perpétuelle.

CROUSTILLAC, *à part.*

C'est étonnant... Tous ces gouvernements n'ont au fond qu'une idée, la prison perpétuelle !... (*Il reste dans l'attitude d'une profonde méditation.*)

CHEMERAULT.

Eh bien ! monseigneur ?

CROUSTILLAC, *avec fierté.*

J'accepte la vice-royauté d'Irlande et d'Ecosse !... Allons chercher ma femme.

SIXIÈME TABLEAU.

Appartement riche et élégant. A gauche, porte au deuxième plan, et porte plus grande au troisième. A droite, grande porte au troisième plan ; au premier, cheminée avec pendule. Meuble de salon. Le fond fermé par une grande draperie.

SCÈNE I.

MONMOUTH, *seul.*

Je n'en saurais douter... quelque malheur plane sur nous, ou même nous a déjà frappés sans que nous ayons encore le sentiment du coup dont nous allons gémir. Pas de nouvelles du père Griffon. Il n'est pas venu... pas un message !... Qu'a-t-il donc appris en Europe ?... Parfois, tant on est ardent à tromper ses inquiétudes, je me figure qu'il nous ménage quelque surprise heureuse ; qu'il attend quelqu'un, qu'il veut conduire ici... Si le généreux Sidney, si mon père se présentait tout à coup à nous ; si Angèle, ma bien-aimée Angèle, ivre de joie,...

SCÈNE II.

MONMOUTH, ANGÈLE, *accourant*.

ANGÈLE.

Jacques! Jacques!

MONMOUTH.

Qu'as-tu, mon Dieu?

ANGÈLE.

Il faut fuir.

MONMOUTH.

Que dis-tu?

ANGÈLE.

Tu es découvert.

MONMOUTH.

C'est impossible!

ANGÈLE.

J'ai vu...

MONMOUTH.

Quoi?

ANGÈLE.

Les Anglais.

MONMOUTH.

Où?

ANGÈLE.

Là, dans le parc.

MONMOUTH.

Vite, les esclaves!

ANGÈLE.

Ils ne viendront pas... Tu as le temps de fuir.

MONMOUTH.

Comment?

ANGÈLE.

Le costume du chevalier les a trompés.

MONMOUTH.

Ils l'ont pris pour moi?

ANGÈLE.

Oui!

MONMOUTH.

Je cours e délivrer.

ANGÈLE.

Ah! je t'en prie, n'y va pas... Il ne court aucun danger; fuis, je t'en conjure.

MONMOUTH.

Exposer cet homme!...

ANGÈLE.

C'est ma vie, mon bonheur, que je te demande de sauver!

MONMOUTH.

Angèle! une lâcheté!

SCÈNE III.

Les mêmes, BETTY, *arrivant par la gauche, 3e plan.*

BETTY.

Madame! madame!

ANGÈLE.

Qu'y a-t-il?

BETTY.

Dupont, le domestique du père Griffon!

MONMOUTH.

Enfin!.. Fais-le entrer.

BETTY.

Il est blessé, mourant; il se soutient à peine.

MONMOUTH.

Je cours. (*Mouvement d'Angèle.*) Non, reste ici... Surveille ce qui se passe dans le parc. (*A part*) Ah! je ne veux pas qu'un autre lui apprenne les malheurs que je prévois. (*Il sort précédé de Betty.*)

SCÈNE IV.

ANGÈLE, *un moment seule*; *puis* PATRICE, *entrant en silence par le fond.*

ANGÈLE.

Et je suis seule pour lutter contre tant de dangers, pour le sauver lorsque sa générosité même le précipite dans le péril! Seule! seule! Mon Dieu, rendez-moi mon père, rendez-moi ces protecteurs dévoués de mon enfance. (*Cri de joie.*) Ah! c'est une illusion, c'est une magie! Patrice.

PATRICE, *s'avançant.*

A genoux.

ANGÈLE.

Que dites-vous?

PATRICE.

A genoux!

ANGÈLE.

Pourquoi?

PATRICE.

Parce qu'il faut mourir.

ANGÈLE.

Moi?

PATRICE.

Celle qui déshonore une famille d'Écosse.

ANGÈLE.

Moi, Patrice ?

PATRICE.

Celle qui fait pleurer dans le ciel un martyr.

ANGÈLE, *avec terreur.*

Il est fou.

PATRICE, *venant sur elle.*

Il faut mourir. (*Elle pousse un cri.*)

SCÈNE V.

Les Mêmes, MONMOUTH.

MONMOUTH, *entrant et se précipitant sur lui.*

Lâche brigand ! (*Il l'a terrassé, et lui arrache la hache qu'il lè. sur sa tête.*)

ANGÈLE.

Jacques, grâce ! c'est le chef de nos braves des montagnes; so. père est mort pour mon père.

MONMOUTH.

Tu le veux. (*Il lui lie les mains.*) Qu'il vive donc.

ANGÈLE.

Patrice, vous n'avez donc pas reconnu la fille que votre mè: a nourrie de son lait ?

PATRICE.

C'est pour cela que j'aimais mieux la tuer ici tout de suite.

MONMOUTH, *à part.*

Que veut-il dire ?

ANGÈLE, *à Monmouth.*

Tais-toi ! (*Haut.*) Vous la sauviez donc d'un danger plus grai. que la mort?

PATRICE.

Oui, de la honte !

ANGÈLE.

La honte !

MONMOUTH.

Il y a là un mystère odieux.

ANGÈLE, *à part.*

Je le pénétrerai. (*Haut.*) Et quelle honte m'était donc re servée ?

PATRICE.

Quelle honte !... d'entendre dire, quand vous iriez en Angl . terre: C'est la complice du suborneur; c'est la complice de l'a: sassin !

MONMOUTH, *à mi-voix.*

Assassin !

ANGÈLE, *à mi-voix en souriant.*

Penses-tu que je le croie, et ne vois-tu pas que sa raison…

PATRICE, *à part, examinant Monmouth.*

Quel est donc cet homme ?

ANGÈLE.

Et toute l'Angleterre se laisserait donc tromper comme vous ?

PATRICE.

Tromper ! mais vous, la fille de lord Sidney, la fille de notre maître bien-aimé, vous étiez ici avec l'infâme. (*A part.*) Il a tressailli.

ANGÈLE.

Oui, j'étais ici avec mon mari.

PATRICE.

Votre mari ! le meurtrier !

MONMOUTH.

Oses-tu bien, misérable !

ANGÈLE, *à Monmouth.*

J'ai peur.

MONMOUTH.

Il faut qu'il parle.

PATRICE.

Si milady le veut, je parlerai.

ANGÈLE.

Ah ! c'en est trop ! j'ai repoussé ses paroles comme celles d'un insensé, et cependant je veux savoir les rêves affreux de cet homme. Parlez, Patrice ; au nom de mon père, parlez.

PATRICE.

Votre père ! Vous invoquez votre père, et j'ai voulu vous tuer pour lui ! Ah ! pardon, milady, ne craignez plus rien de moi ; je voulais punir, je n'aurai plus qu'à venger.

MONMOUTH.

Punir?

PATRICE.

Un infame.

ANGÈLE.

Venger ?

PATRICE.

Vous, votre père.

ANGÈLE.

Achevez.

PATRICE.

Ah! je vois tout maintenant. Quand vous êtes partie de Londres, c'est qu'un homme est venu vous dire : J'ai ma grâce, fuyons ; c'est la volonté de lord Sidney ; fuyons dans un autre monde, bientôt il viendra nous y rejoindre.

5

ANGÈLE.

Oui, c'est là ce qu'il m'a dit.

PATRICE.

Et pendant ce temps, un noble écossais, l'honneur de sa race, la gloire de notre île, notre maître adoré...

ANGÈLE.

Mon père, que faisait-il?

PATRICE.

Fidèle à la mémoire de Charles II, dont il avait promis de protéger le fils, devoué comme Strafford...

MONMOUTH.

Mon Dieu, je frémis malgré moi.

PATRICE.

Il bénissait sa fille par la pensée, et récitait les prières des agonisants.

ANGÈLE.

Sur qui?

PATRICE.

Sur lui-même.

ANGÈLE.

Il croyait donc mourir?

PATRICE.

Il est mort.

MONMOUTH.

Lord Sidney...

ANGÈLE.

Mort! lui! entendez-vous? Il dit que mon père est mort!

MONMOUTH.

Angèle, mon Angèle, calme-toi. Toi-même, ne m'as-tu pas dit que sa raison...

ANGÈLE.

Oui, c'est vrai; c'est un insensé qui rêve... Patrice, mon bon Patrice, revenez à vous; vous aurez cru que vous étiez avec des ennemis; mais, vous le voyez, vous vous trompiez.

MONMOUTH.

Patrice, dites-nous la vérité.

PATRICE.

Est-ce que mes larmes ne vous la disent pas?

ANGÈLE.

On ne pleure pas pour un mensonge... Je n'ose plus l'interroger... Il est donc mort du chagrin de mon absence, du regret de ne pouvoir nous rejoindre?

PATRICE.

Il n'en a pas eu le temps.

MONMOUTH, *lui déliant les mains.*

Patrice, soyez libre, et, devant Dieu, dites ce qui est.

PATRICE.

Il est mort parce qu'un lâche a eu peur de la mort et lui a dit : prends ma place et laisse-moi fuir. Mylord duc partit, lord Sidney resta à la tour de Londres, et, la nuit suivante, la tête du dernier de nos lords roulait sur l'échafaud.

ANGÈLE, *tombant à genoux.*

Mon père, mon père, je ne suis pas coupable.

MONMOUTH.

Au nom du ciel ! ne crois pas cette horrible fable : moi ! moi, parricide !

PATRICE, *à part.*

C'est lui ! le colonel s'est trompé. (*Haut.*) Il est tombé sans trahir le mystère d'un perfide... L'Angleterre ne sait pas encore son martyre, mais je l'ai su, moi, et j'ai juré la mort du meurtrier de lord Sidney. (*Il va ramasser sa hache pour frapper Monmouth, qui est tout à la douleur d'Angèle.*)

SCÈNE VI.

LES MÊMES, LE PÈRE GRIFFON, *qui vient d'arriver, met le pied sur la hache.*

LE PÈRE GRIFFON.

Malheureux !

ANGÈLE, *avec un cri d'effroi, et se mettant au-devant de Patrice.*

Ah !

PATRICE, *s'arrêtant.*

Un prêtre ! une femme !

MONMOUTH.

Ah ! laissez-le frapper, si vous croyez que j'aie lâchement trahi le plus noble, le plus généreux des hommes.

ANGÈLE.

Mon Dieu ! si je dois le haïr, qui donc pourrai-je aimer ?

LE PÈRE GRIFFON.

Écoutez-le, ma fille ; écoute-le, pauvre fanatique.

MONMOUTH.

J'étais résigné à la mort, attendant dans mon cachot la dernière nuit de ma vie, quand lord Sidney entre et me dit : Ton oncle, le roi Jacques II, vaincu par nos prières, t'accorde ta grâce ; mais pour te soustraire aux ennemis qui te poursuivaient, il veut que tu fuies en secret et que tu sois en sûreté avant qu'on ne sache la résolution de t'épargner. Pars donc, tes gardiens sont prévenus ; je reste ici à ta place, à l'abri de tout danger ; pars, emmène avec toi Angèle, et sur la première terre où

tu mettras le pied deviens son époux... Bientôt j'irai vous rejoindre... Si dans un an je n'étais pas avec vous, envoie à la
Rochelle, on y trouvera de mes nouvelles... Il m'apportait la
liberté, la vie, le bonheur; je l'ai cru, Angèle, voilà mon crime...
Ah! ta douleur a raison, je ne devais pas le croire.

ANGÈLE.

Non! Dieu ne m'a pas condamnée à tant de regrets à la fois.

PATRICE.

Et s'il ment?

LE PÈRE GRIFFON.

Écoute encore!

MONMOUTH.

Grâce! pitié! mon Angèle, je t'ai ravi ton père, le plus saint,
le plus admirable des hommes; mais il ne m'a pas appelé traître, et en accomplissant son dévouement il n'a pu me maudire.

LE PÈRE GRIFFON.

Si ces dernières paroles furent une malédiction, vous allez le
savoir; car, à la Rochelle, en suivant les instructions que vous
m'avez remises, voici ce que j'ai trouvé.

MONMOUTH.

Une lettre!

ANGÈLE.

De mon père!

LE PÈRE GRIFFON, à *Patrice.*

C'est ton maître qui va parler.

MONMOUTH, *lisant la lettre.*

Ma fille, cette lettre va détruire une illusion dont ta tendresse
pour moi se berce depuis près de deux ans; je ne te verrai plus;
ce ne sont pas de pénibles adieux que je t'adresse, ce sont des
remerciements pour tout le bonheur que tu m'as donné et que
je voudrais te rendre par ma mort; sois bénie, mon Angèle,
pour m'avoir fait un père heureux et fier de toi; ma mort sera
le premier chagrin que je t'aurai fait, il faut me la pardonner,
mon enfant... (*Les sanglots l'interrompent.*) Il faut que ton
époux, le fils de mon adoption, me pardonne aussi, je l'ai trompé;
mais je devais épargner ainsi un crime au roi Jacques, une honte
à mon pays, une éternelle douleur à ma fille bien-aimée. Si
pendant que vous lisez cette lettre, Jacques, noble fils de mon
roi, la main de ma fille est dans la vôtre, si c'est sur votre sein
qu'elle répand les larmes que je lui coûte, ne me blâmez pas. Ma
vie est bien payée. Adieu, j'entends les funèbres apprêts. Récom-
pensez tous ceux qui ont fidèlement servi notre famille, surtout
Patrice, et dans votre mutuel amour n'ayez qu'un cœur pour
aimer ma mémoire. (*Avec larmes.*) Oh! mon père, mon père!

vous avez été noble et grand jusqu'à me désespérer, jusqu'à me faire haïr la vie.

ANGÈLE.

Jacques, c'est pour moi aussi qu'il s'est dévoué ! (*Patrice, attentif pendant la lecture, aux derniers mots s'est mis silencieusement à genoux près de Monmouth, dont il baise la main.*)

LE PÈRE GRIFFON.

Pauvres enfants, le ciel par vos regrets veut vous unir encore davantage ; cet homme à genoux, abjurant sa vengeance, vous dit mieux encore que vous n'avez pas besoin de pardon..... mais, monseigneur, songez que vous êtes l'unique soutien de cette chère orpheline ; il faut vous soustraire au double danger !...

ANGÈLE.

Ah ! je vous en supplie, mylord.

MONMOUTH.

Un Anglais m'a-t-on dit...

PATRICE.

Le colonel Rutler, qui, par ses mensonges...

LE PÈRE GRIFFON.

Il n'est plus à craindre ; il a été arrêté par le comte de Chemerault envoyé de France, qui dans quelques instants va pénétrer ici.

ANGÈLE.

Il ne connaît pas encore les déguisements de mylord ?

LE PÈRE GRIFFON.

Je ne le crois pas.

ANGÈLE.

Hâte-toi, je t'en conjure, prends ton costume de flibustier ; la couleur du teint te rendra méconnaissable ; tu passeras sans exciter le soupçon.

MONMOUTH.

Eh bien, pour toi je consens à fuir ; viens me rejoindre : un bâtiment peut nous porter à la Barbade, où toute inquiétude cesse, où nous n'avons plus rien à craindre de l'Angleterre et de la France.

LE PÈRE GRIFFON.

Allez, monseigneur, allez.

PATRICE.

Milord, vous savez que vous avez un homme de plus, prêt à se faire tuer pour vous.

MONMOUTH.

J'accepte, à charge de revanche... Vous viendrez avec nous, mon père... tous ce soir à l'Anse aux Caïmans. (*Il sort.*)

LE PÈRE GRIFFON.

Je cours rejoindre Daniel. Il faut que *la Licorne* nous attende ce soir.

5.

PATRICK.

Le colonel a caché dans l'Anse aux Caïmans des hommes de son équipage sous le costume de contrebandiers, il faut que je les rejoigne.

MONMOUTH.

A ce soir.

ANGÈLE.

Mes amis, sauvez lord Monmouth; sauvez celui pour qui mon père a donné sa vie, pour qui je donnerais la mienne. (*Tous deux sortent par la gauche.*)

SCENE VII.

ANGÈLE, *un moment seule, puis* BETTY.

ANGÈLE.

Chère retraite, où j'ai été si heureuse, il faut la quitter ! Ah! si Jacques est sauvé, j'emporterai d'ici avec moi mon bonheur.

BETTY.

Madame.

ANGÈLE.

Eh bien!

BETTY.

Ce chevalier français est là, et demande à vous voir.

ANGÈLE.

Ah! il a été bon, généreux... qu'il vienne.

BETTY.

Mais il est suivi de soldats, et accompagné d'un seigneur qu'il appelle monsieur le comte.

ANGÈLE.

Que le chevalier entre seul.

BETTY.

Je ne sais comment dire à madame.

ANGÈLE.

Quoi ?

BETTY.

C'est qu'il m'a dit : Va annoncer à madame la duchesse, à ma femme, que je désire lui parler ; que je veux l'emmener avec moi en France.

ANGÈLE.

Que dis-tu? C'était donc une perfidie? Quand il consentait à passer pour mylord, c'était donc pour abuser de ce titre, et son fol amour... Je ne le verrai pas, et je vais... Mon Dieu, si dans sa colère il voulait me suivre, s'il découvrait Jacques, qui n'a pas encore eu le temps... Que faire?

BETTY.

Le voici, madame. (*Chemerault et Croustillac paraissent au fond et s'y arrêtent.*)

CHEMERAULT.

Mylord duc, je vais donner des ordres pour poursuivre le colonel Rutler, qui vient de nous échapper, et je reviens dans cette salle avec mes hommes. Au premier appel je suis à vous. (*Il se retire.*)

CROUSTILLAC, *dans le fond.*

La voilà ; elle sera contente de moi.

SCENE VIII.

CROUSTILLAC, ANGÈLE, BETTY.

ANGÈLE.

Oh ! l'indignation... l'inquiétude... Je ne puis rester... (*Elle va pour sortir et rencontre Croustillac.*)

CROUSTILLAC.

Madame !..

ANGÈLE.

Quelle audace !... (*Elle veut continuer sa marche.*)

CROUSTILLAC, *se mettant sur son passage.*

Madame, je suis trop heureux.

ANGÈLE.

Laissez-moi, monsieur.

CROUSTILLAC.

Mais non, je ne puis pas.

ANGÈLE.

Laissez-moi, vous dis-je.

CROUSTILLAC.

C'est impossible. La chose est grave, madame ; il faut que je vous parle.

ANGÈLE.

Oseriez-vous donc me suivre ?

CROUSTILLAC.

Oui, madame ; car, je vous le répète, il faut que je vous parle.

ANGÈLE, *à part.*

Grand Dieu ! si Jacques revenait... (*Haut.*) Eh bien, soit, monsieur... Betty, allez trouver le capitaine l'Ouragan.

CROUSTILLAC, *à part.*

Le flibustier ?

ANGÈLE.

Dites-lui de m'attendre, que je vais le rejoindre. (*Betty sort.*)

CROUSTILLAC.

Eh quoi, madame, sérieusement cet homme ?..

ANGÈLE.

De quel droit m'interrogez-vous, monsieur? n'est-ce pas à moi de vous demander compte de votre conduite déloyale?

CROUSTILLAC.

Ma conduite?...

ANGÈLE.

Quelle a-t-elle été? répondez.

CROUSTILLAC.

Ce ne sera pas long; écoutez moi madame, Je vous aimais véritablement; quand tantôt vous m'avez dit quelques bonnes paroles, je n'avais plus qu'une ambition... et celle-là n'offensait personne... celle de me dévouer pour vous. Mais comment avoir un pareil bonheur, moi, vagabond, qui n'ai que ma vieille épée, mon feutre et mes bas roses? Eh bien, pourtant, un ennemi me prend pour celui qu'on nomme votre mari... Jugez de ma joie, je puis sauver un homme que vous aimez passionnément... J'aurais préféré sauver autre chose... Mais je n'avais pas le temps de choisir.

ANGÈLE.

Oui, j'ai cru un instant... Passons monsieur.

CROUSTILLAC.

Passons, madame. Je quittais cette maison sans espoir de jamais vous revoir, avec la prison ou la potence en perspective. C'est égal, je me trouvais satisfait comme cela... Je ne demandais pas même un regret... Un souvenir seulement, madame, un souvenir.

ANGÈLE.

Aussi, monsieur, tant que je vous ai cru généreux...

CROUSTILLAC.

Passons, madame, passons... L'envoyé de France arrive, l'Anglais se croit trahi... Il m'envoie une balle... Ce sont les profits du dévouement... Rien de plus simple... Quand on se dévoue aux gens, ce n'est pas dans l'espérance d'être prochainement couronné de roses et caressé par des nymphes de la même couleur.

SCÈNE IX.

LES MÊMES, MONMOUTH, *entrant sans être vu.*

MONMOUTH.

Elle ne vient pas!.. Ah! la voici. (*Angèle lui fait signe de ne pas approcher.*)

ANGÈLE.

Continuez, monsieur.

CROUSTILLAC.

L'Anglais est arrêté; puis par, paranthèse, il se sauve un

moment après, et me voilà face à face avec le comte de Chemerault, l'envoyé de France. Quand je m'en allais en prison en
Angleterre, je n'avais pas soufflé le mot ; mais le comte me parle
d'une insurrection appuyée par le roi de France. Il me dit que
si le duc de Monmouth se met à la tête du mouvement, le succès
est certain. Il me parle de vice-royauté, de couronne : je n'avais
pas le droit de refuser. Il voulait partir sur-le-champ ; il me
fallait un prétexte ; j'ai dit : Je veux emmener ma femme. Et me
voilà.

MONMOUTH, qui a écouté, s'avançant.

Quoi, monsieur, vous voulez...

CROUSTILLAC, stupéfait.

Quel est cet homme ?

ANGÈLE, avec inquiétude.

Que vous importe ?...

CROUSTILLAC, avec emportement.

Comment, que m'importe ? Mais vous avez donc juré de me
mettre hors de moi ? Que m'importe ?... est-ce que je ne joue pas
ici le rôle de votre mari ? existe-t-il seulement ? est-t-il ici ? ne
vous servez vous pas de mon erreur pour vous débarrasser de
moi ? Mais c'est à en devenir fou ! A chaque instant je crois que
ma tête est sens dessus dessous.. Qui êtes-vous ? où suis-je ?
que suis-je ? suis-je Croustillac ? suis-je mylord ? suis je le prince ?
suis-je vice-roi, ou même roi ?... Ai-je eu le cou coupé, oui ou
non ? Qu'on s'explique, il faut que cela finisse.

ANGÈLE, avec inquiétude.

Monsieur, certaines circonstances mystérieuses...

CROUSTILLAC.

Encore des mystères ! Je vous le répète, j'ai assez de mystères
comme cela.

ANGÈLE.

Monsieur, veuillez donc comprendre...

CROUSTILLAC.

Je ne veux pas comprendre.

ANGÈLE.

Monsieur, calmez vous, réfléchissez...

CROUSTILLAC.

Je ne veux ni comprendre ni réfléchir ; à tort ou à raison,
j'ai dit que vous m'accompagneriez, et vous m'accompagnerez.

ANGÈLE.

Monsieur !...

CROUSTILLAC.

Vous voyez bien cette pendule : si dans trois minutes vous ne
consentez pas à me suivre, je dis tout à M. de Chemerault... Il
en arrivera ce qu'il pourra.

ANGÈLE.

Je vous en prie.

CROUSTILLAC.

Décidez-vous; je ne parle plus, je n'écoute plus jusque là...
Je me fais muet, je me fais sourd, car ma tête crèverait comme
une grenade. (*Il se jette sur un fauteuil, met ses doigts dans ses
oreilles et attache ses yeux sur la pendule.*)

MONMOUTH, *à mi-voix.*

Peut-être est-ce un honnête homme !

ANGÈLE.

Son exaltation m'épouvante.

MONMOUTH.

Il faut risquer de nous confier à sa loyauté.

ANGÈLE.

Mais s'il nous trompe !

MONMOUTH.

Mais s'il parle !

ANGÈLE.

Oh! quel abîme.

MONMOUTH.

Il n'y a pas à balancer ; disons-lui tout.

CROUSTILLAC, *bondissant de son fauteuil.*

Trois !... Est-ce oui ou non ?

MONMOUTH.

Je vais, chevalier, vous donner un haute marque de mon estime.

CROUSTILLAC.

Ton estime, noir scélérat ?

MONMOUTH.

Mais, monsieur...

CROUSTILLAC.

Pas un mot ! Madame, est-ce oui ou non ?

ANGÈLE.

Mais écoutez.

CROUSTILLAC.

Est-ce oui ou non ? (*Il va vers la porte du fond.*)

ANGÈLE, *épouvantée.*

Eh bien! oui, je vous suivrai.

CROUSTILLAC.

Enfin ! Donnez-moi le bras et partons.

MONMOUTH.

Mais un instant, il faut que vous sachiez tout.

CROUSTILLAC.

Quoi?

ANGÈLE.

Le Caraïbe n'était autre chose que le flibustier.

MONMOUTH.

Ou plutôt le boucanier et le Caraïbe ne font qu'un.

CROUSTILLAC.

Ah! vous recommencez! (*Au moment où il va s'élancer vers la porte, Monmouth se jette sur lui.*) A moi, monsieur de Chemerault!

MONMOUTH.

C'est moi qui suis le duc de Monmouth. (*Angèle enlève avec son mouchoir une partie du bistre qui teint les mains de Monmouth.*)

CROUSTILLAC, *à part.*

Le duc!...

ANGÈLE.

Voyez... comprenez-vous?

CROUSTILLAC.

Blanc... Il est blanc.

SCÈNE X.

Les Mêmes, CHEMERAULT. (*Il entre l'épée à la main. Angèle tombe dans un fauteuil en cachant son visage. Monmouth porte la main sur son poignard. Croustillac est stupéfait.*)

CHEMERAULT.

Qu'y a-t-il donc, monseigneur? j'ai cru entendre le bruit d'une lutte et une voix qui appelait à l'aide.

CROUSTILLAC, *d'un ton sombre.*

Vous ne vous étiez pas trompé, monsieur.

CHEMERAULT.

C'est vous qui m'avez appelé?

CROUSTILLAC.

Oui, monsieur le comte.

CHEMERAULT.

Mais pourquoi m'avez-vous appelé?

CROUSTILLAC.

Pour venir à mon secours.

CHEMERAULT.

Serait-ce ce misérable? dites-un mot et mon escorte....

CROUSTILLAC, *vivement.*

Je me charge de cet homme... ce n'est pas contre un pareil bandit que je vous ai appelé à l'aide, monsieur le comte, c'est contre moi-même.

CHEMERAULT.

Que voulez-vous dire?

CROUSTILLAC.

Je veux dire que j'ai peur de me laisser fléchir aux larmes d'une épouse coupable!

MONMOUTH, *à part.*

Que dit-il?

ANGÈLE, *à part.*

Écoutons.

CHEMERAULT.

Madame la duchesse?

CROUSTILLAC.

Trompé par un mulâtre, monsieur!... par un sang mêlé!... par un teint cuivré!...

ANGÈLE, *à part.*

Mon Dieu! quel est donc son espoir?

CROUSTILLAC.

Chauffez donc mieux ma colère, monsieur! trouvez-moi une vengeance digne de l'offense.

CHEMERAULT.

Le mépris!

CROUSTILLAC.

Le mépris! vous en parlez bien à votre aise! le mépris! le mépris! non, monsieur, il me faut autre chose... quelque chose de mieux; je l'ai trouvé et vous m'aiderez.

ANGÈLE, *bas.*

Ah! il nous sauvera!

CROUSTILLAC.

Ah! madame la duchesse, il vous faut des mulâtres! Ah! ah! scélérat, il te faut des femmes blanches! Vous serez contents.

MONMOUTH, *bas.*

Il nous sauve!

CHEMERAULT.

Monseigneur, l'humanité...

CROUSTILLAC.

Silence, monsieur! Réponds, misérable: où est maintenant mon brigantin?... (*Avec colère.*) Où est mon brigantin?.

MONMOUTH.

A l'Anse aux Caïmans.

CROUSTILLAC.

Monsieur de Chemerault, je vous ordonne d'appeler votre escorte; vous me répondez de ces deux coupables; avant cette nuit, je veux que tous deux soient embarqués, ensemble, entendez-vous bien, ensemble sur mon brigantin... Je vous accompagnerai... je veux moi-même les voir partir... Quant à la destination du bâtiment... je ne puis vous le dire, monsieur; cela ne regarde que moi.

CHEMERAULT.

J'obéis, monseigneur ; hâtons-nous, car on nous attend à *la Fulminante.* (*Entrée de l'escorte qui garnit le fond. Monmouth en passant veut prendre la main de Croustillac, qui la retire vivement en disant :*)

CROUSTILLAC.

Tu oses porter la main sur moi ! (*Angèle s'est rapprochée de lui.*)

ANGÈLE, *bas.*

Généreux sauveur !

CROUSTILLAC, *bas.*

Ah ! ne m'empêchez pas d'être en colère.

SEPTIÈME TABLEAU.

La mer. En diagonale, sur le théâtre, se présente la frégate *la Fulminante ;* l'avant un peu incliné par l'ancre qui retient le navire, découvre tout le pont, qu'on voit aussi par-dessus le bord du bâtiment.

SCÈNE I.

LORD MORTIMER, *autres* **LORDS** *et* **SEIGNEURS ANGLAIS, OFFICIERS, MATELOTS,** *puis* **LE GOUVERNEUR.** (*Tandis que les Officiers et les Matelots français sont à leur poste ou se promènent sur le pont, un groupe d'Officiers anglais, parmi lesquels on remarque Mortimer est formé vers la droite et toute son attention est dirigée du côté de la terre.*)

LORD ROTHSAY *à* **LORD MORTIMER,** *qui regarde avec une lunette.*

Eh bien, lord Mortimer, voyez-vous enfin quelque chose, grâce à cette lunette de nuit ?

MORTIMER.

Je vois toujours les fanaux aller et venir sur le pont de Saint-Pierre, mais rien de plus. (*Avec un cri de joie.*) Ah ! enfin !

TOUS, *se pressant autour de Mortimer.*

Est-ce lui ? est-ce lui ?

MORTIMER.

Oui, oui, tout là-bas, à la lueur des flambeaux...il s'embarque dans une chaloupe... Oh ! notre brave Jacques, il a pour nous revoir mis l'uniforme qu'il portait à Bridgewater.

TOUS.

Vive Jacques de Monmouth !

MORTIMER.

Oh ! je n'y vois plus ; des larmes troublent ma vue, ma main tremble.

UNE VOIX, *à droite.*

Canot du gouverneur.

6

UN MOUSSE, *sur le bâtiment.*

Canot du gouverneur. (*Tout le monde se porte de ce côté.*)

TOUS.

Le gouverneur ! des nouvelles de terre !

LE GOUVERNEUR, *en quittant le canot.*

Restez-là, mon prince, vos ordres seront exécutés.

TOUS, *au Gouverneur, qui monte à bord.*

Qu'y a-t-il ! le prince... Le comte de Chemerault vient-il à bord ?

LE GOUVERNEUR.

Messieurs, messieurs, un moment, de grâce.... Monsieur de Chemerault nous a quittés.

TOUS.

Pourquoi ? pourquoi ?

LE GOUVERNEUR.

Sa présence était nécessaire sur les côtes, il surveille un bâtiment anglais.

TOUS.

Mais le prince ?... nous allons le voir !

LE GOUVERNEUR.

Messieurs, je suis désolé de vous ôter cette joie ; mais personne sur le pont, tout le monde en bas. (*Murmures.*) C'est l'ordre formel du prince.

MORTIMER.

Puisqu'il l'exige, obéissons ; ce ne sera qu'un retard de quelques minutes sans doute ; mais ces minutes-là je les payerais de dix ans de ma vie. (*Tous se retirent avec regret et descendent sous le pont ; au moment où le dernier disparaît, on voit monter à bord Croustillac.*)

SCÈNE XI.

CROUSTILLAC, LE GOUVERNEUR, OFFICIERS, SOLDATS *dans le fond. Croustillac est triste et rêveur ; il marche isolé. Le Gouverneur indique à l'escorte qu'il faut respecter sa douleur.*

LE GOUVERNEUR, *à Croustillac, lorsqu'il monte.*

Venez, mon prince.

CROUSTILLAC, *à part.*

Allons, mordious, pas de faiblesse ; je me suis conduit en gentilhomme, je dois avoir le cœur ferme et satisfait... Ils sont partis ! (*L'Officier, qui a fait descendre tout le monde, est remonté et a dit quelques mots au Gouverneur, qui se rapproche de Croustillac avec un respect craintif et attendri.*)

LE GOUVERNEUR.

Monseigneur !

CROUSTILLAC.

Qu'y a-t-il ?

LE GOUVERNEUR.

Vos partisans... vos amis... Ils brûlent du désir de vous revoir.

CROUSTILLAC, *bas.*

Ils viennent me rappeler la potence à laquelle je vais être nécessairement accroché quand tout se découvrira. (*Haut.*) Mon silence vous étonne peut-être; mais si vous compreniez mon émotion...

LE GOUVERNEUR, *à part.*

Voilà le moment arrivé, il faut cependant vous dire...

CROUSTILLAC.

Achevez.

LE GOUVERNEUR.

Monseigneur, elle est là, dans une chaloupe qui a précédé notre barque.

CROUSTILLAC.

Qui... elle?...

LE GOUVERNEUR.

Madame la duchesse, votre femme.

CROUSTILLAC.

Elle est ici! et son complice?

LE GOUVERNEUR.

Et son complice aussi, toujours garotté, toujours...

CROUSTILLAC, *avec colère.*

Et c'est vous, monsieur, qui vous êtes permis... (*A part.*) Les malheureux! je ne les sauverai donc pas!

LE GOUVERNEUR.

J'ai là, une chaloupe de contrebandiers qui sont prêts à les conduire à bord de *la Licorne,* que tout à l'heure on a signalée en rade.

CROUSTILLAC, *avec colère.*

Monsieur le gouverneur, s'ils ne partent pas sur-le-champ, à toutes mes volontés...

LE GOUVERNEUR, *effrayé.*

Monseigneur, je ne puis pas.

CROUSTILLAC.

Pourquoi?

LE GOUVERNEUR.

Madame la duchesse veut vous voir; elle vous supplie, elle vous en conjure au nom de votre mère...

CROUSTILLAC, *à part.*

Au nom de ma mère! pauvre sainte femme, je l'avais un peu oubliée depuis hier. Au nom de ma mère!... (*Haut.*) Dites lui qu'elle peut venir.

LE GOUVERNEUR, *fait un signe à un Officier qui se penche le long du bord, vers la barque qu'on ne voit pas.*

Ah! monseigneur, quand elle sera à vos pieds, quand autour d'elle vos partisans....

CROUSTILLAC, *s'élançant vers lui.*

S'il en paraît un seul sur le pont pendant que la duchesse sera ici, je vous fais fusiller, monsieur le gouverneur.

LE GOUVERNEUR, *à part.*

Il a raison ; il ne veut pas qu'ils sachent... c'est toujours une position embarrassante en public ; je leur dirai tout bas. (*Il descend sous le pont, Angèle est montée à bord.*)

SCÈNE III.

CROUSTILLAC, ANGÈLE.

CROUSTILLAC, *allant vivement à elle.*

Vous ici, madame ! ah ! c'est braver trop de péril.

ANGÈLE.

Il ne veut pas partir.

CROUSTILLAC.

Qui ?

ANGÈLE.

Jacques.

CROUSTILLAC.

Pourquoi ?

ANGÈLE.

Parce que c'est vous abandonner.

CROUSTILLAC.

M'abandonner ! mais je ne cours aucun danger ? j'ai plus d'un expédient dans mon sac pour me tirer d'un mauvais pas.

ANGÈLE.

Vous me trompez.

CROUSTILLAC.

Moi ! j'ai mon plan ; s'il ne réussit pas, j'aurai recours à un second qui ne me permettrait pas de retourner de longtemps en France, peut-être.

ANGÈLE.

Mais, où irez-vous ?

CROUSTILLAC.

En ce cas, si vous avez quelques occasions pour le pays, faites-vous informer de ma mère... et de ma sœur... et si les chères créatures étaient tout à fait dans la peine, eh bien, au nom de ce drôle de corps de chevalier, un peu de bonté pour elles.

ANGÈLE, *attendrie.*

Ah ! cette dette du cœur sera sacrée... Mais vous, comment vous prouver...

CROUSTILLAC.

Comment ? en me laissant baiser cette main divine, en me

disant de votre toute douce voix : Adieu, chevalier ; adieu, notre ami...

ANGÈLE.

Oh ! oui, notre ami, vous l'êtes, vous le serez toujours. (*Elle lui tend sa main qu'il baise avec transport.*) Ah ! des larmes, chevalier, je les ai senties sur ma main.

CROUSTILLAC.

Vive Dieu ! larmes de joie, madame. Je ne suis plus vice-roi ; je suis roi maintenant. Vous êtes rassurée. (*Bruit sous le pont.*) Ah ! partez je vous en conjure... Au nom du salut du prince... (*Se penchant sur le bord.*) Force de rames à *La Licorne* qui est en vue. Les contrebandiers vous conduiront à bord ; et aussitôt que vous serez en sûreté, je vous en supplie, un coup de canon qui m'avertisse.

ANGÈLE, *à mi-voix lui offrant une croix qu'elle porte au cou.*

Chevalier, cette croix. Ma mère l'a portée.

CROUSTILLAC, *la pressant sur son cœur.*

Merci ! merci.

ANGÈLE.

Votre mère, votre sœur seront heureuses. (*Angèle descend du bord et disparaît.*)

SCENE IV.

CROUSTILLAC *seul, puis à la gauche de* LA FULMINANTE *la barque où sont* ANGÈLE, MONMOUTH, RUTLER, PATRICE *et* MATELOTS.

CROUSTILLAC.

La voilà embarquée... sauvés !... Oh ! ne plus les revoir et vivre à jamais tout soul !... (*Il se laisse tomber sur un banc de quart.*) Ma bonne petite croix ! (*Il la baise et cache sa tête dans ses mains. On voit le sloop paraître à la gauche après avoir fait le tour du bâtiment ; des matelots rament ; Rutler, couvert d'un caban qui cache ses traits, est au gouvernail ; à l'arrière Angèle, Monmouth et Patrice.*)

RUTLER, *relevant son capuchon.*

Au nom du roi Georges, duc de Monmouth, vous êtes mon prisonnier. (*Il va se précipiter sur lui ; Patrice relève aussi son capuchon.*)

PATRICE.

Au nom de Sidney, mon maître, je te tue. (*Il le frappe d'un coup de hache.*)

MONMOUTH, *brisant ses liens.*

Libre enfin ! (*Il se jette au gouvernail qu'il tient d'une main, et de l'autre, tenant le pistolet que Rutler vient de laisser tomber, il menace les matelots.*) Et vous, ramez vers *la Licorne*, ou vous êtes morts. (*Le sloop disparaît vers la gauche. Bruit dans l'entrepont.*)

SCENE V.

CROUSTILLAC, LE GOUVERNEUR ; *puis* LORD MORTIMER
et les partisans de MONMOUTH.

CROUSTILLAC.

Quel est ce bruit sous le pont, monsieur le gouverneur?

LE GOUVERNEUR.

Ce sont vos partisans que ma présence a cessé de contenir.

CROUSTILLAC, *à part.*

Ils vont me reconnaître! pauvres amis, ils n'auront pas le temps d'arriver. (*Se dirigeant vers l'avant.*) Non, en ce moment, je ne veux pas les voir. Retardons encore l'explosion de quelques minutes. (*Haut.*) Ah! gouverneur, tant d'émotions, la honte! la joie! la gloire! Mon oncle Jacques! le Cornouaille! oh! je succombe. (*Il tombe sur un affût, la face cachée par ses bras. Les partisans commencent à monter sur le pont par les divers escaliers, le gouverneur va au devant d'eux et leur recommande le silence en leur montrant Croustillac.*)

LE GOUVERNEUR.

Silence, voyez!

LES PARTISANS, *à mi-voix.*

Qu'a-t-il?

LE GOUVERNEUR.

Je vous l'ai dit, ce malheur domestique...

CROUSTILLAC, *tournant la tête du côté du spectateur.*

Ils sont au moins douze.

MORTIMER.

Ah! je me baignerai dans le sang du séducteur!

CROUSTILLAC, *même jeu.*

Je suis sûr que c'est Mortimer celui-là.

UN PARTISAN, *à Mortimer.*

Puisque vous êtes le seul ici, Mortimer, qui connaissiez personnellement le prince, approchez-vous.

CROUSTILLAC, *même jeu.*

Ah! il est le seul qui me connaisse.

MORTIMER, *s'approchant et mettant un genou en terre.*

Vos fidèles serviteurs, résolus à mourir pour votre cause, mylord... permettez-moi un nom plus doux, Jacques, notre Jacques bien-aimé.

CROUSTILLAC, *se relevant et comme sortant d'un songe.*

Qui m'appelle? (*Il regarde Mortimer, le relève et se jette dans ses bras.*) Mortimer! (*Mortimer reste stupéfait, tous les autres crient :* Vive mylord! vive le fils de Charles II! *Croustillac va à eux et leur presse la main.*)

CROUSTILLAC.

Mes amis! mes frères! cette joie après cette douleur..... Eh
bien! qu'as-tu donc, Mortimer?

LE GOUVERNEUR.

C'est vrai, mylord, vous restez là, la bouche ouverte...

MORTIMER.

Pardon, mais c'est que...

LE GOUVERNEUR.

Eh bien quoi?

MORTIMER.

Sous ces traits je ne puis reconnaître...

CROUSTILLAC, *avec un cri de douleur.*

Ah! gouverneur, mon exécution m'a donc bien changé!

LE GOUVERNEUR, *à Mortimer.*

Voyez, mylord, le mal que vous faites à Son Altesse.

MORTIMER.

Mais j'ai beau chercher... sous ces traits...

CROUSTILLAC, *à part.*

Oh! le signal, le signal! (*Haut.*) Vous aviez bien raison, monsieur le gouverneur, il me fait un mal cruel; car, malgré la nuit
fatale où ma tête... je ne puis douter de moi-même, je me palpe,
je me sens... mais toi, malheureux Mortimer, te voilà encore
comme je t'ai déjà vu une fois?

MORTIMER.

Que voulez-vous dire?

CROUSTILLAC.

La fatale exaltation de ton caractère. (*Mouvement.*) Ne le con-
naissiez-vous pas tous comme exalté?

TOUS.

Sans doute... sans doute...

CROUSTILLAC, *à part.*

Quelle histoire trouver? (*Haut.*) Quand tu la revis..... sois
tranquille, je ne la nommerai pas... est-ce que ton délire ner-
veux t'a permis de la reconnaître?.... Elle fondait en larmes, et
moi-même...(*A part.*) Oh bon Dieu! tirez le canon, car je suis à
bout.

MORTIMER, *éclatant.*

Ah ça, est-ce qu'il veut me faire passer pour fou et stupide,
cet intrigant-là?

LE GOUVERNEUR.

Lord Mortimer, vous vous oubliez.

MORTIMER.

Allez-vous-en au diable, et pendez-moi ce gaillard-là; il n'est
pas plus le duc de Monmouth que je ne suis cet imbécile de
gouverneur.

LE GOUVERNEUR.

Mylord, s'il ne faisait pas si chaud... (*Murmures des partisans.*)

MORTIMER.

Je vous dis que vous êtes dupes.

LES PARTISANS A CROUSTILLAC.

Répondez, répondez.

CROUSTILLAC.

Répondez, cela vous est parbleu bien facile à dire.

LE GOUVERNEUR.

Vous me mettez en eau ! Mais c'est mylord duc !... sans cela
M. le comte de Chemerault serait un imbécile !

SCÈNE VI.

LES MÊMES, CHEMERAULT, *qui, montant à bord, fend la foule.*

CHEMERAULT.

Que dites-vous, monsieur ?

LE GOUVERNEUR, *au comble de l'embarras.*

Mais, monsieur le comte...

MORTIMER.

Et moi, je soutiens que cet aventurier n'a jamais eu un seul
trait de mylord duc.

CHEMERAULT, *stupéfait à Croustillac.*

Et vous ne vous défendez pas !

CROUSTILLAC.

Que voulez-vous que je défende ? mon nez... ma bouche...

CHEMERAULT, *avec résolution à l'Officier.*

Faites mettre une mèche de mousquet allumée entre les deux
pouces de ce drôle, il parlera.

CROUSTILLAC.

Je vais parler... j'accorde tout quand on s'y prend bien. (*Aux
partisans.*) Votre Jacques a connu vos projets de guerre civile,
il la déteste et n'y veut prendre aucune part... Il a fui. Voilà.

CHEMERAULT *et* MORTIMER.

Où a-t-il fui ? répondez !

CROUSTILLAC.

Oh ! pour cela, prenez votre mèche, voilà mes pouces. Je ne
dirai rien de plus.

MORTIMER.

Il l'aura tué peut-être.

TOUS.

Oui... oui.

MORTIMER.

Il faut le pendre à la grande vergue.

CHEMERAULT.

Milords, je vous l'abandonne. (*Ils se précipitent sur lui.*)

CROUSTILLAC.

Un instant, messieurs... je suis gentilhomme, et je réclame l'honneur d'être passé par les armes et de commander le feu.

TOUS.

Eh! soit; des armes! des armes! (*Tandis qu'ils cherchent des fusils, Croustillac, seul, met un genou en terre.*)

CROUSTILLAC.

Mon bon Dieu, vous trouverez peut-être à première vue que je n'ai pas valu grand'chose, mais le dernier jour de ma vie, j'ai senti qu'en aimant beaucoup, on pouvait devenir meilleur. Pardonnez-moi à cause de cela, et si vous voulez me faire une petite avance sur mon bonheur de là-haut, qu'avant de mourir j'entende le coup de canon qui me dira qu'ils sont sauvés. (*Les partisans et soldats se sont rangés sur la droite, Croustillac va monter sur le bordage de gauche.*)

CHEMERAULT.

On est prêt, monsieur.

CROUSTILLAC.

Merci, monsieur de Chemerault. (*Commandant.*) Garde à vous! (*Un homme fait un mouvement; Croustillac va à lui.*) Attendez donc le commandement.. Au temps! (*Commandant.*) Garde à vous! Apprêtez armes! (*Le mouvement est exécuté... Silence. — A part.*) J'attends, mon Dieu!

CHEMERAULT.

Allons donc, monsieur!

CROUSTILLAC.

J'ai si peu de mots à dire! pourquoi se presser? Apprêtez armes... apprêtez armes.

CHEMERAULT.

Vous l'avez déjà dit trois fois, monsieur.

CROUSTILLAC.

Je vous le donne en dix, monsieur. Je voudrais bien vous voir à ma place... Joue! (*Silence, puis un coup de canon.*)

CHEMERAULT.

Quel est ce signal?

CROUSTILLAC, *avec un cri de joie.*

Merci, bon Dieu!.. Feu! (*En faisant ce commandement, il saute en arrière à la mer.*)

LE GOUVERNEUR.

Est-il mort?.. a-t-il sauté?..

UN MATELOT.

Une voile!..

TOUS.

Une voile !..

CHEMERAULT.

Soldats à vos armes ! canonniers à vos pièces ! (*Branle-bas général ; la proue de La Licorne s'avance par la droite, on y voit Monmouth, Angèle, Croustillac, le père Griffon, Patrice.*)

MORTIMER ET LES PARTISANS.

C'est mylord duc, c'est Jacques.

CHEMERAULT.

Que dites-vous ?

MONMOUTH.

Mes amis, j'ai voulu vous dire un dernier adieu... Je suis mort pour le monde... plus de guerre civile ! Si vous m'avez aimé, respectez la retraite où je vais être heureux.

MORTIMER ET LES PARTISANS.

Mylord ! Jacques ! notre bon Jacques. (*Ils étendent vers lui leurs bras.*)

CHEMERAULT.

Monmouth !.. il ne m'échappera pas... feu partout !...

MORTIMER ET LES PARTISANS.

Nous le défendrons contre tous. (*Ils se précipitent sur les soldats, qu'ils tiennent en respect.*)

CROUSTILLAC, *à genoux entre Angèle et Monmouth.*

Mon bon Dieu, pour bien faire les choses, avancez-moi encore une trentaine d'années comme cela. (*Aux partisans et à Chemerault.*) Bonne chance, messieurs !

FIN.

Typographie Dondey-Dupré, rue St-Louis, 46, au Marais.